知的生きかた文庫

人生がすっきりわかる
ご縁の法則

名取芳彦

三笠書房

はじめに——人生をすっきり、さわやかに生きるキーワード

思いもよらないつながりがあると「ご縁ですね」。

仕事では「これをご縁に、よろしくお願いします」。

と挨拶することがあります。

期待がはずれたときや相手の申し出を断るときには、「ご縁がなかったということで……」と表現することもあります。

日常ではそれほど意識しませんが、「縁」の存在を心のどこかで信じているのが、私たちかもしれません。


縁は「運命的な巡り合わせ」を意味するだけではありません。

「お金には縁がない」など、物事とのつながりをいう場合もあります。

「縁を切る」などのように、肉親や師弟などの人とのつながりにも使われます。

ほかにも、仏教語の「因縁《いんねん》」や「縁起《えんぎ》」などで使われる「原因に作用して結果を導く要因」として縁が使われることもあります。

縁の概念については本文中でわかりやすく、楽しくご紹介しますが、縁は不思議で、必然で、かつ偶然の要素を持ちながら、私たちといろいろなつながり方をして、人生に大きな影響を与えます。

そうした縁の中で、自分に恩恵をもたらしてくれる縁を、日本人は「ご（御）」を冠して「ご縁」と表現して感謝してきました。

それらのご縁に少し関心を持てば、「こうなったのは、こういうご縁があったからか」「これも一つのご縁なのか」と、人生のゴチャゴチャやモヤモヤが整理されます。また、自分でコントロールできるご縁があることもわかってきます。すると、**人生がすっきり、さわやかになっていく**のです。

本書は、人生のさまざまな側面を「縁」で捌《さば》いてみました。

縁を意識して大事にする人は、人間関係がスムーズにいくようになります。縁が結実している〝いま〟を一期一会として丁寧に扱うので、相手が「また会いたい」と思ってくれることが多くなるからです。

あまりよい印象を持っていなかった人に対しても、〝（あれからの）時間の経過〟という縁が自分や相手に働いているのを意識できるので、先入観に縛られることが少なくなり、新しい縁を結べるチャンスが多くなります。

仕事の面で行き詰まっていたことが、周囲の縁を少し意識することで、うまく通り抜けられるようになることも少なくありません。視野が広がり、ほかにも出入り口があることに気づくようになるからです。

縁に気づくそのような感性は、仕事だけでなく、広く人生でも、さまざまな道をつくるきっかけになっていきます。心の風通しが、ぐんとよくなるのです。

お金に振りまわされる経済優先の時代と社会の中で生きる私たちにとって、縁に気づく力は損得勘定とさわやかに決別する原動力にもなります。

これまでの人生をあらためて振り返ったり、〝いま〟〝ここ〟をよくよく意識したりすれば、おぼろげながら「ご縁」というキーワードと共に、「世の中はこうなっているらしい」という「ご縁の法則」も見えてきます。その法則を知って生きることで、これからの人生を心おだやかに、すっきり、さわやかに生きていけます。

あなたが、これからの人生で、よりよい縁を引き寄せられますように。

合　掌

元結不動《もつとい》　密蔵院住職　名取芳彦

目次

1章　人生は「ご縁」で考えるとすっきりする

2章

人間関係は「ご縁」で考えるとラクになる

3章

仕事は「ご縁」で考えるとうまくいく

4章

お金も「ご縁」で考えるとよくわかる

5章

こんなことも「ご縁」で考えると好転する

本文ＤＴＰ／株式会社 Sun Fuerza

1章

人生は「ご縁」で考えると すっきりする

世の中に働いている「縁起」の大法則

私たちにネガティブやマイナスの感情が起きるのは、ことごとく自分の都合どおりになっていないときです。何かやろうとしているところに「これやって」と別のことを頼まれれば、邪魔された気がしてムカッとします。自分の都合どおりにならないから起きる感情です。

お釈迦さま以前から、インドではこうした感情を「苦」と総称していました。「苦＝都合どおりにならないこと」です。その代表が生・老・病・死の「四苦」です。

生（誕生）は都合どおりになりません。どの親の間に、いつ、どの国で生まれようと思って生まれた人はいません。狭い産道を通る苦しみという意味ではなく、都合どおりにならないという定義によって、生まれることは苦です。

老いも自分の思いどおりにはなりません。どんなに若い体のままでいたいと思っても、若い頃の心を持ち続けたいと願っても、そうはいきません。

病気も都合どおりになりません。いつ、どんな病気になるかはわかりません。いつ、どんな死に方をするかもわからないので苦です。

苦を代表する「四苦」は私たちの都合が介在する余地のない現象で、いわば「ご都合以前」の現象です。都合どおりにすることが不可能なのに、それさえ都合どおりにしようとすれば、残る手段は神に祈るくらいでしょう。

古来、苦をなくす（減らす）方法は、二つです。

一つは、都合を叶えてしまえばいいのです。

私たちは自分の夢や願い（都合）を叶えようと努力し、苦労しますが、それはまぎれもなく苦をなくす一つの方法です。あなたの家にある家電製品などは、人間の都合を叶えるために生み出された産物です。

もう一つは、仏教が選んだ方法で、都合そのものをなくす（減らす）方法です。**叶えたい都合がなければ、苦は生まれません。**ウルトラマンと肩を組んで歩きたいと思わない人は、自分の身長が四十メートルないことに苦は感じないのです。

ところが、都合をなくすのは容易ではありません。

そこでお釈迦さまは、世の中が本当はどうなっているかを観察することにしました。

それがわかれば、自分の都合が理にかなったものか否かがはっきりすると思われたのでしょう。

そして、発見したことの一つが、**世の中に働いている「縁起《えんぎ》」という大法則**でした。

「縁」で考えると、「苦」が消えていく

苦をなくす手がかりとして発見されたのが「縁起」の法則です。物事は縁があって起きるという、ごく当たり前のことです。

どうしてこんな当たり前のことを大事件のように仏教が説き続けるかといえば、当たり前なのに私たちがそれを忘れて結果に目をうばわれて、そのために苦を発生させてしまうことが多いからです。

「どうしてこんなに苦労するのだ」と苦を感じたら、その理由（縁）を考えます。理由の一つは「生きるため」でしょう。

生きるという目的を達成するために苦労という縁が必要なのです。それが納得できれば、苦労というネガティブな感情は減ります。

仏教では縁起のほかに「因縁《いんねん》」という言葉も使われますが、ほぼ同じ意味です。この場合の縁は、結果を導く条件という意味のほかに、結果の元になった原因そのものも表します。食器が割れたという結果をもたらしたのは、不注意という縁だけでなく、滑りやすい形だったという縁もあります。その食器を買ったという縁もあります。

それらの縁が集まった結果として食器が割れたのですが、不注意だったという縁は、以後気をつけるという次の因にもなります。滑りやすい形状が原因になって滑りにくい形が生み出されることもあります。また、滑りやすい食器を買ったという縁が原因になって、「あんな物を買うからよ！」と夫婦げんかがはじまることもあります。

さらに、食器が割れたことが原因になって、ケガをすることもあるでしょうし、別の縁として働いて、新しい食器が買えるという結果をもたらすこともあります。

世の中のすべては、そのように縁によって起こっていて、起こったこと（結果）が縁になったり、別の原因になったりしていくというのです。

「だから？」と思わないでください。この縁起は不変の法則であるにもかかわらず、それを忘れて「自分の都合」ばかり考えているから苦が生まれるのです。

いうことを聞かない人がいれば、「私のいうことを聞くべき」という都合が叶わないので、「なぜいうことを聞かないのだ」と憤慨するでしょう。

しかし、いうことを聞かないのには、自分の言い方が悪いという縁がからんでいるかもしれません。相手の「自分のやり方でやりたい」という思いが縁として働いていうことを聞かないかもしれないのです。それなりの理由があるのです。

気に入らない結果の場合、結果を導いた縁を考えれば多くの苦は鳴りをひそめます。

「いま」「ここ」に集まっている、すごい縁

どんなことでも、一つの結果と考えることができます。こうして拙著をお読みになられているのも一つの結果です。**今日生きているのも一つの結果といえるでしょう。その結果は、膨大な縁がからみ、寄り集まって導き出されたものです。**

あなたと親しい人がいるとします。あなたとその人は「いま、親しい間柄である」というのが最新の結果（状況）です。

そうなるためには、二人が生まれたという縁は欠かせません。互いに気心を知っているという縁、互いに共感できる心を持っているという縁、共通の時間や空間、話題を共にしたという縁も忘れてはいけないでしょう。お互いにいま生きているという縁もあります。これらは、「親しい間柄」の関係を成立させるのに比較的わかりやすい縁です。

しかし、思いも寄らないような縁もからんでいます。二人の仲を裂くような人がいなかった、そんな出来事もなかった、お互い交通事故で死ななかった、病気で死ななかった、別の国で、別の時代に生まれなかったなど、「なかった縁」の数はすぐに思

い当たる「あった縁」の数をはるかに凌駕します。その数は数万、数十万に及ぶでしょう。

自分の命は二人の親がいたからです。その親にもそれぞれ二人の親がいますから、二代さかのぼると四人の先祖がいます。

これを三十代さかのぼると、その時点で十億七三七四万一八二四人になります。あなたも私もその頂点にいることになりますが、三十代さかのぼった親の総数は、二十一億四七四八万三六四六という途方もない数になります。

この中のたった一人でも子どもができる前に亡くなれば、あなたも私もいま、この世に存在しません。三十代は約一〇〇〇年。戦や病気、飢饉、自然災害など、過去一〇〇〇年の間に何があったかを考えれば、自分の命がどれほど貴重な縁によってつながってきたかがわかります。

こうしたことを日本人は感覚的に感じていたので、有り得ない（有り難い）ことが起こったことを「ありがとうございます」と感謝の言葉にしています。

ありえないような縁が集まったのが「いま」であり、「ここ」です。それを少し意識するだけで、「いま」や「ここ」が輝きはじめ、感謝の心も生まれ、幸せを感じられます。

こんなときは、「縁がなかった」ということ

行きたかったライブやコンサート、講演会などに参加できなかったとき、あるいは誰かを誘ったのに断られたときに「縁がなかった」ときれいにあきらめる人がいます。本書の趣旨から申し上げても、まったく正しい分析だと思います。

自分が参加できなかったこと、期待していた人が来られなかったことをいつまでも悔しがっているのは愚の骨頂です。

参加できなかった、招く人が来なかったのには、「理由」があります。別の予定が入っていたのなら、「その人に別の予定があった」という縁による結果です。また、こちらが抱く悔しさも縁として働いて、「次は必ず！」という意気込みや計画につながることもあります。

中国には**「物事は時と人が揃わないと動き出さない」**という格言があるそうです。**「何かが動くのに、縁として〝時〟と〝人〟が必要だ」**というのです。私はこの格言をさまざまな状況で思い出して、一人で納得し、心をおだやかにしています。

イベントに行けなかったのは、自分という縁はあったのですが、別の予定があった

という〝時〟の縁が揃わなかったのです。

暇そうにしている私を「一緒に買い物に行かない？」と家内が誘っても、決断力のない（吟味に吟味を重ねる）家内と警備員のようにショッピングセンター内を巡回するのはごめんです。

この場合は〝時〟の縁はあるのですが、私という〝人〟の縁がないので、あわよくば旦那に何か買ってもらえるかも……という家内の企《くわだ》ては実現しません。

俗に中二病の症状の一つとされる「僕だって、やればできますよ。ただ、やらないだけです」と、えらそうにしている人は、〝時〟も〝人〟の縁も揃わない（揃えない）ので、何かが動き出すという結果は望めません。

一方で、許せない人やいちいち不機嫌になる人が多くなった時代という縁と、ある程度の仏教知識と人生経験があって、文章を書くのが嫌いでない私が生きている縁によって、本の執筆という動きが生まれます。

私より人徳があり、文章が上手な先輩僧侶はたくさんいますが、先輩たちは〝時〟という縁が揃わなかったということでしょう。

「物事は時と人が揃わないと動き出さない」

この格言を覚えておくと、多くのことが納得できて、さっぱりできるものです。

縁は「糸」ではなく「網」のようなもの

運命的な出会いをした男女間の縁を「赤い糸」というように、**縁は糸、縄、ロープのようなイメージをしがちですが、一本の糸というより網（ネット）のようなものと考えてもいい**でしょう。

自分と何かが一本の縁で結ばれているのではなく、途中で膨大な縦糸や横糸がからんで、自分とつながっていきます。それは平面ではなく、立体的な構造です。

私の名字は名取で山梨県に多い名字ですが、宮城県には名取市や名取川があるので、三十代の頃からいつか訪れたいと思っていました。

そこに、東日本大震災が発生しました。震災から半年後、街の中にまだ船が残された名取市を訪れて、市役所で「名字が名取でご縁を感じていたので何かに使ってください」と寄付をしてきました。

いつか行ってみたいと思っていたのですから、すでに一本の縁の糸はつながっていたのですが、いつ行けるかわからないという意味ではかなり遠回りしている糸です。

そこに、私が生きている間に起きた震災という縁が結ばれたことで、名取市行きの縁がショートカットされて私とつながったのです。

同様のことは、誰にでも頻繁に起きているでしょう。肝心なのは、**たった一つのことでも心の隅に置いておくことで、それが時間をかけてアメーバーのように触手を伸ばして網の目のように広がり、ほとんど関係ないと思われるものでも、「むっ？　これって？　そういえば……」とひっかかるようになる**のです。

インターネットで、自分の関心領域の情報ばかり集まってしまう危険性が指摘されるフィルターバブルやエコーチェンバーの現象に似ていますが、ネットを離れた現実の世界ではこうした縁（網）が張られていてもほとんど問題はないでしょう。

私は「いつでも、どんなことが起こっても心おだやかな人になりたい」という網を張っています。

すると心乱れている人が網にかかります。網にかかったその人のことを考えて、反面教師にします。乱れている心の持ち主は私の中で「こうはなるまい」という縁に変換されるのです。そのような仕組みを持った立体的な網を私が張っているからです。

こうした縁を大切にすると、無理をしない自然体で生活していても、いい縁が、勝手に縦、横、斜めにつながっていくようになります。

あなたの心にはどんなアンテナが張られていますか。

就職、転職、結婚……人生の節目の縁について

仏教が説く善・悪の考え方は、私たちの日常生活の中でも活用、応用がききます。何かを決断するときには後悔しないために、私にとって大切なものです。

仏教は、いつでも、どんなことがあっても、心おだやかでいることが目標なので、心おだやかになることが善、心乱すことが悪です。

しかし、善悪は考えたり行動したりした時点では判定できず、時間が経過しないとはっきりしません。

本書を読むことが心のおだやかさに通じるのか、心乱すことになるかは、あとにならないとわからないのです。昨日ゲームをしたことが善なのか、悪なのかもわかりません。生まれたことが善だったのか、悪だったのかも時間が経過しないとわかりません。

善悪はあとに集まってくる縁によって変化してしまうのです。

結果を早く求めたい人にとってはお気の毒ですが、あとになってしか結果がわからず、その結果もさらに時間が経つと変わってしまう可能性があります。科学的理論の

ように反証可能性があり、ある時点での結果は暫定的でしかありません。ここから仏教は「おだやかな心でいたいなら、善悪などはその時点ではわからない、わからないことをわからないとしておく勇気を持て」と説くこともあります。

二つの物体があるとどうして引力が働くのだろうと思議せず（考えず）に、どういうわけだかそうなっているとしておけというのです。これを「不思議」といいます。

さらに「私が生まれていなかったら」という事実に反するようなことは考えても無駄だから思議すべからずとします。これが不可思議という言葉です（もし自分がいなかったら、この瞬間の世界の人口が一人少ない、くらいの思議はいいでしょう）。

善悪の考え方や、わからないとしておく勇気は、就職、転職、結婚などの人生の節目を迎えたときにも役立ちます。節目を迎えるのも、人生の中では一つの縁ですが、その縁がいいのか悪いのか、自分の決断がいいのか悪いのかは、時間が経過しないとわかりません。

集まった縁が悪い結果を導くとわかっていながら悪い決断をする人はいませんが、**私たちは、その時点で良縁が集まったと判断して決断するしかありません。それらが悪い縁や悪い決断だった、とならないように、新しい良い縁をたぐり寄せていくしかありません。**

「偶然」に感謝する

「ある出来事が起きるとその影響を受けて結果がもたらされる」というのが仏教の縁起論です。「現象論」といってもいいでしょう。

食事したことを受けてトイレに行く結果になります。生まれたことを受けて老化という結果になります。夜更かししたので寝坊する、翌日眠くてしかたがないという結果が導かれます。

この意味では、仏教は「必然論」といえますが、一つのことをすれば一つの結果だけが姿を現すわけではありません。

一つの出来事をきっかけにして出る結果の候補数は、数千にものぼるでしょう。

新しく財布を買えば、それを縁として自分の身に次に起こる可能性のある現象は、古い財布を捨てる、古い財布はお金以上に思い出が詰まっているので保管する、ネットで同じものを安く売っているのを知ってがっかりする、逆に自分が最も安い価格で買ったのを知って喜ぶ、嫌いな人が同じ財布を使っているのがわかってしばらく使わずにおく、高価な財布だったので金欠病になる、財布に見合った靴やバッグが欲しくなるなどです。その中から、一つ、あるいは複数の結果が時間差で、ほぼランダムに導き出されるのです。

こうした結果の中で、自分の都合のいいものが出てくると「あの財布を選んだのは必然だった」とおっしゃる方がいます。世の必然論者は、多くの現象（結果）の中から自分にとって都合のよい縁だけを取り出して、人知を超えたナニモノかが采配した「必然」と呼びたがるようです。

しかし、たくさんの候補があるのを知っていれば、それは必然ではなく偶然です。たまたまそうなったのです。

必然好きな人は、日々経験する膨大な現象の中で、自分に関係ないものは必然にしません。天気が晴れて都合がいい人は「今日、晴れたのは必然だ」とウキウキしますが、今日近所のスーパーの特売のチラシがポストに入っていることを必然にはしません。給料日前で財布の中身が心細い人にとっては、特売は願ってもないことなので、そのチラシが「この特売は必然だ」となります。

都合のいいことだけを必然として持ち出すのはほほえましいこともありますが、とてもアンフェアだと思います。

多くは偶然です。その偶然に出会った縁に感謝するほうが豊かに生きられます。

「運」と「縁」はどう違うのか？

数年に一度ですが「この人は本当に悪い運の元に生まれているのかもしれない」と思いたくなる人から相談の手紙を受け取ることがあります。

もちろん手紙には、自分の運の悪さばかりが書かれているので、そのまま鵜呑みにはできません。

ヘレン・ケラーは「幸せの一つの扉が閉じると、別の扉が開く。しかし私たちは、閉ざされた扉をいつまでも見ているために、せっかく開かれた扉のほうが目に入らないのです」という言葉を残しました。そのように、悪い運に翻弄されている人は、その間に巡ってきた良い運をのがしている可能性があります。

運の意味は「物事を成就させるか成就させないかの巡り合わせ。人知でははかり知れない身の上の成り行き」「幸せな巡り合わせ」です。

運が縁と違うのは「人知でははかり知れない」という点です。縁は自分の力でつくったり、引き寄せたり、あるいは強くしたり弱くしたりすることができる部分がありますが、運はそうはいきません。どこにあるかわからないのが運なのです。

宝くじを購入するのは自分でつくる縁ですが、当選するかは運です。「当たり・外れ」があるものは、すべて運としてあきらめたほうが早く前に進めますし、それが別の良い運をのがさないですむ秘訣でしょう。

私は筆をよく使いますが、筆にも当たり外れがあります。筆職人の技術の差ではなく、材料になっている動物の毛や竹、糸などの組み合わせで、一度使っただけで穂先が割れてしまう筆もあります。私は「そういうものだ」と了解しているので、「運が悪かった」と嘆くことはありません。

一方で、お金を儲けようと努力している矢先に、世の中のトレンドが変わってしまうこともあります。テストで山をかけたのに外れることもあります。そんなとき、「運に見放された」と嘆く人がいます。冷たい言い方で恐縮ですが、それは運に見放されたのではなく、単に失敗したのでしょう。自分の失敗を運のせいにするのはマズい生き方です。奇跡と同様に、運を信じるのもいいですが、それをあてにするような生き方をしないほうがいいのです。

「幸運を呼ぶ○○」というグッズがありますが、**どこにあるかわからない「運」をあてにするよりも、自分に巡ってきた運をそのまま受け入れて、それを良い縁として機能させるために努力する。**そのほうが、ずっと生産的で現実的です。

「宿縁」「悪縁」「くされ縁」の正体

私たちが日常使う「宿縁《しゅくえん》」「悪縁」「くされ縁」などが持つニュアンスは、自分自身ではどうすることもできない宿命のように使われます。宿命として受け入れて、あきらめるための手段として使っていることさえあります。

宿縁は前世での因縁という意味ですが、超能力者でもないかぎり前世のことがわかる人はいませんし、いても前世での因縁の証明は不可能です。

ですから、実際には、宿縁は自分でつくったわけではない過去のほかとのつながりとしておいたほうがいいでしょう。先祖と自分という血縁は宿縁の代表的なものでしょうし、自分や親、祖父母の出生地なども宿縁になるでしょう。逆らえないのが宿縁です。

悪縁は、仏教では悟りへの道を妨げる縁のことです。善悪は、すでにお伝えしたように自分の目標がはっきりしていないと判断がつきません。私は、いつでもどんなことがあっても心おだやかな人になりたいという目標があるので、それを疎外する縁は悪縁です。お金が欲しいという目標の人にとっては、お金を使ってしまうバーゲンセールや限定品、あるいは、すねっかじりの子どもや伴侶などは悪縁になるでしょう。

くされ縁は、切ろうとしてもなかなか切れない縁のことで、主に人間関係で使われる言葉です。一度つながってしまった縁は切ることはできませんが、弱めたり細くしたりすることは充分可能です。

『大辞林』には「離れようとしても離れられない悪縁。好ましくないが切るに切れない関係を批判的あるいは自嘲的にいう」とあります。「あいつとは、くされ縁だから」と笑って縁を持ち続ける人は少なくありません。

「そもそも論」ですが、**諸行無常《しょぎょうむじょう》と同じように、縁そのものに善悪はありません。**

諸行無常は「すべてのものは縁の集合体で、その縁は次々に変化するので、結果も同じ状態が続くわけではない」という現象をいっているに過ぎません。仏教はそれを前提に、**心おだやかになりたいのなら、条件がすべて揃っている「いま」を大切に生きろ、変わっていくものにとらわれてはいけない、変化も楽しめ**と説きます。

縁も同じように、それをどのように使うかで良縁にも悪縁にも、くされ縁にもなります。それはまるで、水には善悪はないのに、牛が飲むと牛乳やチーズやバターになり、蛇が飲めば毒液になるのと同じです。

本来良くも悪くもない縁を、自分に合わせた良縁に変えていきましょう。

「歳時」を大事にする人は、良縁を引き寄せる

日本は強い季節風の影響で四季のはっきりした温帯湿潤気候に位置しています。雨が多く、国土の約七割が森林で、周囲を海に囲まれています。これらは日本の国土が持っている縁といえます。また、世界でも稀にみる海底のプレートがいくつも接する位置にあり地震や火山が多いという縁も持っています。

街がどんなに都市化されても、こうした自然環境との縁を切り離すことはできません。だからこそ、日本人は季節にさまざまな行事を行なって自然を畏《おそ》れ、その恵みに感謝してきたのでしょう。そして、その伝統は、これからも受け継がれていくことでしょう。

こうした四季折々の行事は立春、夏至、秋分、冬至などの二十四節気で行なわれます。さらに五日ごとの東風解凍（はるかぜこおりをとく）、虹始見（にじはじめてあらわる）、半夏生（はんげしょうず）、涼風至（すずかぜいたる）、橘始黄（たちばなはじめてきばむ）などの七十二候も取り入れられました。日本独自の節分、彼岸、土用、八十八夜などの雑節も大切な節目として生活の一部になっています。

こうした**歳時《さいじ》は、一年の中で自分がどの位置にいるのかを確認する格好の材料**です。

正月にはお節料理やお餅に舌鼓を打ち、無病息災を祈って七草を食べます。

節分では自分の年齢と同じ数の福豆を食べ、春の彼岸にはおはぎを頬張り、可憐な三分咲きから見事な満開の花見を楽しみ、水面を流れる花筏《はないかだ》に心を寄せます。

初夏にかけては柏餅に頬を膨らませ、菖蒲湯《しょうぶゆ》に浸かり、紫陽花《あじさい》を愛《め》で、初鰹《はつがつお》で粋《いき》な気分を味わい、新茶の香りに鼻をひくひくさせ、衣替えで気分を一新し、日替わり花火のような朝顔に笑みをこぼし、七夕には星に願いを込めます。

梅雨明けから夏には生ビールでのどを潤し、ウナギで夏バテを予防し、お盆で先祖を迎え、かき氷で頭がキーンとなります。

秋から冬には、ぶどう、さんま、梨、十五夜、秋彼岸、芋、栗、柿、紅葉、冬至、年越しそばと、長距離レースでいえば数々のチェックポイントが配置されています。

自然の営みに鈍感になった人は、こうした節目をおろそかにしてしまうので、一年をだらだら、ぶらぶらと暮らすことになるかもしれません。しかし、「ぶらぶらと暮らすようでも瓢箪《ひょうたん》は胸のあたりにしめくくり有り」という古歌もあります。

瓢箪にも劣るような暮らし方はせず、**歳時という給水ポイントで立ち止まり、乾いた心を潤していきたいものです。良縁を引き寄せるためにも。**

2章

人間関係は「ご縁」で考えるとラクになる

昔の仲間との縁は、まだつながっている

人生には無数の分岐点があります。

どの小学校に入るかによって、それまでの幼稚園の仲よしやママ友の関係が大きく変化します。小学校ではクラス替えで、気になっていたクラスメイトや登下校を共にしていた子とも、一緒にいる時間が減っていきます。

中学や高校は思春期と重なるので「好き」から「恋」、さらに「これって愛？」と胸がキュンキュンするようになり、人生とは、本当の自分とは、などについて哲学的に自問自答する悩み多き青春時代を過ごします。

進学したり、社会に出て職業についたりすると、それぞれの場所で気の合う仲間ができます。日本では、平成に入った頃から、仕事よりプライベートの時間を優先する人が増えたといわれます。仕事とプライベートに優先順位をつけるのも人生の分岐点の一つです。同僚よりも、利害関係のない趣味仲間や学生時代の友人といるほうが、気がラクなのです。

これは、定年を迎えた人が元の同僚と親しくつき合う場合も同じです。同じ苦労を

共にした〝戦友〟しかわからない感慨があるものです。

こうした**人生の分岐点で離ればなれになり、一時的に疎遠になったとしても、かつて同じ時間、同じ空間、同じ悩みを共有した仲間との縁はつながっています。**

学校や職場などでとてもイヤな目にあって、クラス会や同窓会、同期会には出たくない人でも、当時の仲間の中に、もう一度会いたい人はいるでしょう。

現在はそれぞれ社会でさまざまな肩書を持っていても、昔話に興じれば肩書などはすぐに外れて、かつてのニックネームで呼び合って、心も当時に逆戻りします。

もちろん、過去は現在に通じているので、単に昔話に花を咲かせて終わりにするのはもったいないと思います。

久しぶりの人と昔の話をしていまの自分をみじめにするのではなく、前に進むためのリセットや励みという産物を得たいものです。

「過去を振り返るのは、何かを生み出すときだけでいい」はメキシコの作家ドメニコ・エストラーダの言葉だそうですが、素敵な感性だと思います。

もう一度会いたい人がいるのなら、あの世で再会する前に、この世で会う機会を自分からつくって、互いの励みにしてみるのも、悪くありません。もちろん、不倫に発展してしまうような関係は除きますけどね。

別れ際に「縁の糸をピンと張る」練習

誰かと別れるときに「じゃ、またね。さようなら」のあとに、もう一言加える練習。

これをはじめてから二十年が経ちます。

同じ時間、同じ空間を共有した人がいるなら、別れるときに、最後のまとめの言葉を加えたいと思うのです。

「じゃ、また。ご一緒できて、楽しかったです」「お先に失礼します。とても勉強になりました」「さようなら。今度いつ会えるか楽しみにしています」「お疲れさまでした。次にお会いするときまで、どうぞお元気で」という具合です。

それはテレビやラジオ番組の司会者が、番組の最後でいうしめくくりの言葉と同じようなものです。

私はいまだに、無理をしないと最後のまとめの一言をいえません。別れるときには、自分がどうやって帰ろうか、帰ったら何をしようかと、相手にとって失礼千万なことを考えてばかりいるのです。

別れの挨拶をする直前に「一言加えるのを忘れないようにしよう」と思えばいえる

のですが、そう思う余裕はほとんどなく、帰り道で「しまった。一言加えられなかった」と反省ばかりしているのです。

練習をはじめて二十年が経っても、無理にいっているのが四割、自然にいえるのが一割という情けない有り様です。残りの五割は、あいかわらず「そんじゃ、また」で帰宅の途につくのです。この先もまだまだ練習が必要だと痛感しています。

知り合いの中には、アナウンサーや司会者でもないのに、いつもきれいにまとめの一言をいえる人がいますが、その人と別れたあとはとてもさわやかな気分になり、もう一度会いたいと思いますし、実際に次に会うのを楽しみにします。

別れるときの何気ないまとめの一言が、縁でいえば、ゆるみがちな縁の糸をピンと張る役目をしているのでしょう。私には綱渡りの趣味はありませんが、スポーツ綱渡りとして人気があるスラックラインも、綱がダラーンとゆるんでいては渡れないでしょう。綱にある程度のテンション（張り、緊張）が必要なのです。

縁をつないでおく、また会いたいと思ってもらうにも、そのような張りのある縁をつなげておけばいいのです（張りすぎると切れてしまい、誰も渡ってくれません）。そのための一つの方法が、別れの挨拶にまとめの一言を加えることです。もし、あなたもできていないなら、練習してみてはいかがですか。

僧侶が「おかげさま」の話を飽きるほどするわけ

「感謝と笑顔は、いい人間関係をつくります」と申し上げれば、そんなことはわかっているといわれてしまいそうです。「問題は、どうすれば感謝でき、笑顔になれるかだ」と文句をいいたくなる人もいるでしょう。

感謝は、「おかげ」を感じる、あるいは「おかげ」に気づけば自然に生まれます。道を歩くとき、道路や歩道をつくった人、ガードレールを設置した人、靴をつくった人、着る服をつくった人に「おかげ」を感じることは少ないかもしれませんが、それら一つ欠けても道を歩くのは困難になります。そこにはやはりたくさんの「おかげ」があります。

生活だけでなく、生きていること自体が膨大な縁が集まった結果で、その事実に気づけば「おかげ」を感じることができます。

そして、**「おかげ」を感じられる人は、自分を幸せだと思え、心おだやかでいられるもの**です。僧侶がみなさんに「おかげさま」の話を飽きるほどするのには、こうした理由があるのです。

笑顔は、敵意のない証です。「笑顔に向ける刃《やいば》なし」ともいわれます。相手を攻撃してとっちめたり、優位に立とうとしたりせずに「おかげ」を感じられれば、笑顔になるのはそれほど難しいことではないでしょう。

「自分は感謝や笑顔が足りない」と思う人は、感謝や笑顔のない生き方をしたときの弊害を考えてみるといいかもしれません。

「このままでは大変だ」という恐れを元にしたやり方なので、積極的におすすめする方法ではありませんが、感謝や笑顔が身につくまでの当面のやり方として、一考する価値はあるでしょう。

感謝と笑顔。これがなければ、いい人間関係はつくれません。四六時中、文句や愚痴をいって眉をしかめている人からは、なるべく遠ざかっていたいと思うのが人情。インターネットの書き込みやコメントでは、そのような人が多く見られます。他人の考えや価値観を否定することで自己存在を確かめようとしているのかもしれません。自分の身に何か不都合なことがあると、すべて他人のせいにできる人です。自分のせいにされるのはまっぴらごめんですから、人は離れていきます。結果的に、良い縁をつくろうと思っても、それができないのです。感謝する心がなければ人は離れていきます。笑顔が少ないと相手は心を開いてくれません（少し脅かしすぎですが……）。

人はたった三日で変わることもある

私たちは「あの人ってどんな人ですか?」と知り合いのことを聞かれれば、「真面目な人ですよ」「楽しい人さ」「いい人だよ。その前に〝どうでも〟ってつくけどね」など、それなりのことがいえるでしょう。

それが正しいかどうかは別にしても、一つの評価をしている、あるいはレッテルを貼っているといってもいいかもしれません。

その評価が好ましいものであれば、久しぶりに再会するときに問題はないのですが、悪い印象を持っている人と再会するときは、少し気が引けて躊躇します。「あの人が来るの? イヤだな……」という具合です。

私は五十歳を過ぎた頃から、久しぶりに会う人がいるとき、「あの人はどう変わっているだろう?」と楽しみにできるようになりました。何十年かぶりの同窓会のようなものですが、人は一年でも、たった三日でも変わることがあるのです。

そんなことはない、人はそう簡単に変わるものではない、と思う方も多いかもしれませんが、**人は縁によって驚くほど変わることがあるものです。その変化は少しずつ**

の場合もあれば、たった一つの経験、あるいは気づきによって劇的に変わる場合もあります。

善し悪しは別にしても、私がそのいい例です。

私は三十代までは〝デモシカ坊主〟でした。親からいい喉笛をもらっていたので、お経を唱える声には自信がありましたが、それだけです。仏教が何かもわからず、自分でよくわからない仏さまを、あたかも実在しているようにみなさんに話していました。己の偽善者ぶりをうすうす感じながら生きていたのです。

そこから、「このままではなんの自信もなく人生を生きていくことになる」と気づきました。それを縁にしてさらに多くの気づきがあり、坊主は職業ではなく生き方だと確信するまでになりました。三十代までの私を知っている人は、おそらく「名取は変わった」と思うでしょう。何より身近な家内が「あなた、四十歳くらいから変わったよね」というくらいです。

久しぶりの人と再会するときには先入観を捨てましょうと申し上げたいのは山々ですが、せめて、**「自分がかつて貼ったレッテルが今回会うときはどう変わっているか、諸行無常《しょぎょうむじょう》の具体例を目の当たりにする絶好の機会だ」**と思ってワクワクしたいものです。

「縁があったらまた会おうね」

お釈迦さまは悟りを開くために、二十九歳でシャカ国の王子、夫、父親の立場を捨てて出家し、ヨガ行者たちが修行している山で六年間の難行苦行をしました。しかし、悟りを開くには、体を痛めつけてもダメだとわかり、山を下ります。

一緒に修行していた仲間たちは、修行を放棄しようとするお釈迦さまを引き止めようとしたことでしょう。

「お前、明日、悟りが開けるかもしれないのに。もったいないじゃないか」「一緒にやってきた、同じ釜の飯を食べてきた仲間じゃないか。一緒にやろうぜ」と、そんな言葉を背中に受けて、お釈迦さまは山を下ります。仲間たちはそれ以上、引き止めることをしませんでした。去る者を追わなかったのです。

ほどなくして、お釈迦さまは菩提樹の下で悟りを開くことになります。そして、山の修行仲間のうち五人が、お釈迦さまの最初の説法を聞いて感動し、初期の仏教教団立ち上げに協力するという新たな縁を結ぶことになりました。

お釈迦さまより一〇〇年ほどあとの中国の孟子《もうし》の言葉に「来る者は拒まず、去る者は追わず」があります。

もともとは、弟子になりたいとやってくる人、離れていく弟子に対する孟子の立場を宣言した言葉のようです。人間関係をゴチャゴチャさせないための心得として、私も大切にしている言葉です。

日本では「去る者は追わず」を冷たいと感じる人が少なくないようです。去る者が「引き止めてほしい」と思っているのに「追わないよ」といわれ、送る者が「行かないでほしい」と思っているのに「追わないで！」といっているようなものですから、冷淡に感じるのはしかたないでしょう。

私は自分が去る場合、それなりの理由や覚悟があるので、引き止めないでほしいと思います。

送る場合も、**「去っていく相手にはそれなりの理由と覚悟がある」**と考えてしまいます（引き止めてほしいと思っているとは想像もしないのですから、冷淡者の烙印を押されます）。

お釈迦さまの行者仲間のようにまた縁がつながることもあるかもしれませんから、**「縁があったら、また会おうね。それぞれの場所でお互いにがんばろうね」と見送る潔さ。**これは持っていたいと思います。

「小さな親切、大きなお世話」とはこのこと

人の社会的な欲求に「誰かに愛されたい（関心を持ってもらいたい）」「褒められたい」「認められたい」「役に立ちたい」の四つがあるといわれ、このうち一つでも満たされていれば生きる活力になるともいわれます。

子どもたちが自分で何かすると、まわりに関心を持ってもらいたくて、褒められたくて、認められたくて、「ねぇ、見て！」とせがみます。お手伝いをすることは「役に立ちたい」が満たされるので、進んで手伝いをしてくれる子もいます。

かつて子どもだった大人はそれを知っているので、手伝ってくれた子を「わっ、手伝ってくれたんだね！　ありがとう。とても助かったよ。えらいね」と褒めます。褒められた子どもは得意満面になります。

四つの欲求のうちどれかを満たそうとするのは、子どもたちに顕著に見られる行動ですが、それは子どもに限ったことではありません。大人でも大なり小なり、こうした欲求を満たすために行動することがあります。

ところが、無理に他人に関心を持ってもらい、褒められ、認められようとすれば、

自己顕示欲が服を着ているようなものですから、芸能人でもないかぎり、まわりの人はうっとうしく感じて敬遠されるのがオチです。共感を求めすぎると他人は離れていきます。

気をつけたいのは「役に立ちたい」という欲求です。他人の利益を図ることは「利《り》他行《たぎょう》」として、仏教でも重んじられます。

しかし、利他行は、自分のことは放っておいて（自分を犠牲にして）という条件がつきます。**役に立っていることを自慢するなどして自己を肯定するのは、かえって心を乱す煩悩《ぼんのう》になります。**

役に立ちたいという気持ちをエスカレートさせていくと、せっかく役に立とうとしているのにどうしてわかってくれないのだ、という親切の押しつけになります。「小さな親切、大きなお世話」とはこのことです。気をつけたいと思います。

問題なのは、冒頭でご紹介した四つの欲求を満たすためには、必ず相手が必要な点です。評価に翻弄されることになるのです。

でも、大丈夫、**あなたが生まれ生きていること自体、人ではなく大自然や世界があなたを認め、褒め、役に立っていることにお墨付きを与えてくれているようなもの**なのですから。

「さっぱり」が、いい関係を長持ちさせるコツ

同じ地域で長い間暮らしていくための条件は、その土地の風習に馴染み、人間関係を保つことでしょう。それは同時に、風習と人間関係というクサリでつながれることを意味します。

これは、会社や職場にも当てはまります。社風や職場独自の特性という枠と、そこにいるさまざまな人たちとの関係は、私たちにとって、時に心地よいものになり、時に逃げ出したくなるものになります。

家庭という小さな世界でも同じことがいえるでしょう。否、二人の人間が同じ場所で長い間暮らす同棲の場合にもいえるでしょう。

『その島のひとたちは、ひとの話をきかない～精神科医、「自殺希少地域」を行く』（青土社）で、筆者の森川すいめいさんは、小さな集落のバス停で知り合った女性にうどんをご馳走になります。その女性は一度大きな事故にあって、近所の人に助けてもらったので、自分もできることを感謝の気持ちでしているといいます。

「助け合っているというのとは少し違う。助けてくれたから恩を返す、その繰り返し

というのとは少し違う。（中略）見返りは必要ない。困っているひとを見ると助ける。それが返ってくるとは思っていない。ただ助ける。助けっぱなし」、それがお互いさまとして共同体の中で共有されている地域だったと紹介してくれています。

「助ける」「助けられた」という縁を持続するのではなく、**「助ける」縁が相手に届いたら、そこでいったん「助ける」という縁は終了する**と考えるのは、とてもさっぱりしています。縁は糸や紐のようにつながっているものばかりでなく、ゴムひものようなもので、相手に端が届いたらこちらは手を放し、ゴムは相手のところへ飛んでいかせることもできます。こちらには「助けた」という心の痕跡が残らないということです。

森川さんは、ほかにも東北地方で小さなゲーム機をいじって座っていた少女の横を通ったときに「こんにちは」と挨拶されただけで、その土地に受け入れられた気がした、挨拶程度のつき合いが地域の中で孤立感を癒す力になっている、とします。

情で結びついている夫婦やカップルでは状況が異なりますが、もう少し範囲の広い**友達やサークルなどの仲間、同僚内での縁を長持ちさせるには、助けっぱなし、挨拶程度の粘着性のないあっさり、さっぱりしたつき合いがちょうどいいし、心もおだやかでいられる**のでしょう。

「知り合いが多い」だけでは、ダメなんです

仏教では、私たちが心をおだやかにするための材料は周囲に数えきれないほどあるとします。尊敬する人、敬愛する人、見習いたい人、目標にしたい人などはいうまでもありませんが、反面教師のような人も自分磨きの材料になります。

どうでもいいと思っている人に対して「どうしてあの人のことをどうでもいいと思っているのだろう?」と考えて、「価値観が違いすぎるからだろうが、もう少しあの人の価値観についても考えてみようか」と一歩進めば自分磨きの材料になります。

「なぜあの人に関心を持てないのだろう」と考え、「私があの人との共通項に気づいていないからだ。お互いに同じ時代に同じ場所で生きて、都合どおりにならないことと日々戦っている者同士だ」と気づく。そうすれば、相手への関心度が上がり、自分磨きの材料になることもあります。

このような意味では、**こちらの感性の持ち方しだいで、知り合いはすべて良い縁をもたらしてくれる存在で、あらゆるものに対して「ご縁に恵まれている」と考えることができます。**

しかし、それを意識しながら、暮らしていくのは容易なことではありません（三日坊主でもやってみる価値はあります）。

小学生になる前に♬ともだち一〇〇人できるかな♬と歌い、交際範囲が大きく広がる夢を抱いた人は少なくないでしょう。

思春期になると「友達の友達」まで知り合いのような顔をして自慢する若者もいます（友達の友達は知り合いではなく〝他人〟です）。会社の部署によっては年間に何百枚も名刺を交換する人もいるでしょう。ＳＮＳなどでは数千人のトモダチがいる人もいます。

そのような知り合いの中で、自分にいい影響を与えてくれると思わせてくれる人の数は、一生の間にどのくらいいるでしょう。すぐに思い出せるのは数十人がいいところでしょう。知り合いが多いだけでは良い縁に恵まれているとはいえないのです。

知り合いとの縁を恵まれたものにするには、「楽しいのが好き」「役に立てればうれしい」「効率化するにはどうしたらいいか」など、それらの人たちと関心領域が重なっていることが大切でしょう。

そのためには目標に向かうための関心領域を広げていく必要があります。好奇心を野放しにして暮らしていくのも悪くありません。

「義理堅さ」は、いつか必ず報われる

人間関係はとても脆弱《ぜいじゃく》です。何年もかかって築いた信頼や信用が、たった一度の失敗や裏切りから崩れ去ることはよくあります。「あんなことをする人だと思っていなかった」というケースです。

あるいは、これから築こうとしていた信頼関係が、わずか一回の手抜きによって結べなくなることもあります。講習や講演などの講師を頼まれて期待されて登壇したのに、主催者の期待に応えられずに二度とお呼びがかからないということはよくあります。チャンスが二度と来ない場合もあるのです。

私自身がそれを経験しているので、若手の布教師には心を引き締めてやったほうがいいとアドバイスします。布教したいと思っている僧侶にとって、布教する場が少なくなるのは致命的だからです。

人間関係のこうした弱さを補強する材料の一つが「義理堅さ」でしょう。お世話になったことを記憶しておいて、機会があればなんらかの方法でそのお礼をするのです。

日本に来た外国人が戸惑う現象の一つに、数か月、数年ぶりに会った人たちが「先

日はどうもありがとうございました」「あのときは、お世話になりました」と挨拶し合っている姿だといわれます。

ご馳走をしたわけでも、仕事を世話したわけでもなく、単に会議で同席していただけなのに、それを数か月、数年後でも覚えていてお礼をいわなくてはいけないのかと不思議に思うそうです。

これに対して日本文化の専門家は、日本人は会議に同席しても露骨な批判などしないかぎり、その場を共有した縁を大切にするので、いつ、誰と、どのような場で一緒だったかを記憶しておくのが基本だと説明していました。これが義理の基本的な考え方でしょう。

相手がしてくれた気遣いに気づいて、それを記憶しておくのは面倒と思われるかもしれません。

しかし、それが面倒だと思う人は、相手に対する気遣いが不足しているかもしれません。**他人に気遣いできない人は、相手からの気遣いにも気がつけないものです。**結果的に、義理に疎《うと》いという評価になる可能性もあります。

気遣い名人になるのは大変ですが、少し意識して相手を気遣い、信頼の縁をつなげる「義理堅さ」の練習をしておきたいものです。

相手を〝リスペクト〟していますか？

お寺でインターネットを含めた座禅会を開いて外国人にも門戸を開いて、英語で禅や仏教について解説している先輩の僧侶がいます。

座禅会の案内には「仏教はキリスト教やイスラム教もリスペクトするので、キリスト教徒やイスラム教徒の方の参加も大歓迎です」という内容が書かれています。

もともと禅は、世界では宗教というより文化、精神統一、瞑想法として認知されているので、日本では公共性の高い自治体主催の講座でも教養の一つとして扱われることが多い分野です。

先輩の座禅会の案内を見るまで、私は仏教が他の宗教もリスペクトしているという明確な感覚を持っていませんでした。

しかし、仏教はすべてをもらさず包み込む教えですから、いわれてみればそのとおりです。**仏教は大きな風呂敷のようなもので、なんでも包めるのです。**私もそのような心を持ちたいと思っています。

これに対して、小さな風呂敷のような心の持ち主がやってしまうのが、親しい間柄での礼儀を軽んずる言動でしょう（心が風呂敷ではなくハンカチレベルの人は、包めるものも小さく、少ないので欲張ったり、怒ったりするなどの特徴があります）。

一般にリスペクトは「尊敬する」「敬う」という意味で使われます。『新明解国語辞典』で「敬う」は「自分より偉い（目上の）人に対して、それに従い、大切にしようとする気持ち」と解説されています。しかし、カタカナのリスペクトは従うというより、尊重する、大切にするという、もっとゆるい感覚なのかもしれません。

そこから、「親しき中にも礼儀あり」のことわざは、いくら親しくても相手を尊重し、大切に思う気持ちが重要という意味になります。親しい間柄だから相手は包んでくれるだろう（許してもらえるだろう）と思っても、小さいものしか包めない心の持ち主では、包まれるほうの居心地が悪く、はみ出したくなってしまうのです。

自分に正直なだけで、人に対して誠実でない人を私は何人か知っていますが、相手に対する思いやりがないので、そんな心に包まれてなるものかと逃げたくなります。

ほかにも「本当のことをいって何が悪いのですか？」とアッケラカンという人もいます。そんな人も要注意です。嘘はいわないほうがいいでしょうが、いくら親しくても、本当のことをいえばいいというものではありません。

親しければ、相手をリスペクトしましょう。

チャンスの光は、いつも他人から

世の中には「親の七光」と揶揄《やゆ》される人たちがいます。小さな宗派の中で、私もその一人でした。二十代の頃、年長者に会うと「君は名取さんの倅《せがれ》か」とすぐに名前を覚えてもらえること以外に、私が父の子どもである恩恵をあまり感じませんでした。「僕と父は違いますから」とムキになって、言い返していたほどです。虎の威を借る狐のような気がしてイヤだったのです。

三十代半ばまで取り立ててなんの取り柄もない私は、父の威光の中で安穏に暮らしていました。

しかし、あるとき、私と同じ立場の先輩と話す機会がありました。そこで、私の考えは大きく変わりました。先輩はいいました。

「父親が有名だと〝親の七光〟っていわれたり、まわりからそんなふうに思われたりしている雰囲気を感じてきただろう。でもな、**どんな宝石だって、自分から光る宝石はないんだ。キラキラ輝いている宝石も、外からの光が差し込んで、内部で乱反射をしてきれいに光るんだよ。**だけど、そのためには宝石の原石である自分を磨いておかないといけないいんだ」

まったくそのとおりだと思いました。父はご詠歌（在家が唱える伝統的な仏教讃歌）の多くの曲を作詩、作曲していました。

私もご詠歌を教えはじめ、「君のお父さんには世話になったよ」と、父のおかげで活動の場が広がりはじめた頃でした。自分なりにわかりやすい、楽しい講習をするように精一杯心がけていました。父の名声と私の努力の甲斐があったのでしょう、月に二十回のご詠歌講習を二十年ほど続けました。

四十歳になった頃には、自分で自分を磨かないかぎり輝けないのを痛感していたので、私は「親の七光」と陰でいわれても平気になりました。

私たちの内部に入る強い光は家族や親戚からだけのものではありません。素敵な人の生き方や、本で得た知識や現場で得た知識など、それらはすべて外からの光として私たちの内部で乱反射を繰り返します。いいかえれば、それらはすべて自分磨きの縁にできるのです。

磨きのもとになる、チャンスの光はいつも他人からの光です。その光をのがさずに自分の中で乱反射させ外に出すために、時に応じて、事に即して、自分を磨いていきたいものです。

「家庭は、こんがらがっているからいいんです」

縁を別の言葉でいえば「関係性」ということになるでしょう。自分と何か別のものをつないでいる糸のようなものです。

この中に「人間関係」という縁があります。自分から他人に伸びている縁は家族、親戚、友人、同僚、近所など数多くありますが、それがやっかいなのは、この縁が一方通行ではなく、双方向で作用し合う点でしょう。

こちらはさっぱりした関係でいたくても、相手が「そんな水臭いことといわずに」という思いを伝えてくる場合もあります。義理や人情などのしがらみだけでなく、利害がからんだりするので、この縁をこちらの思惑どおりに保ち続けるのは容易ではありません。それを面倒だと思う人もいるでしょう。

「面倒」を辞書で引くと「関わりになるのは面倒だ」「面倒な仕事」などで使われる〝手数がかかってわずらわしいこと（さま）〟です。

「手数がかかる」は客観的な事実の説明ですが、それを「わずらわしい」と思うのは主観です。「そんなことはない、手数がかかる面倒なことは誰でもイヤなはず」と考える人はいるでしょうが、手数がかかるから面白い、面倒でも楽しめると考える人もいるのです。

私がそう考えるようになったのは**「家庭はこんがらがった糸です。こんがらがっているからいいいんです。ほどくとバラバラになっちゃいます」**という言葉を知ってからでした。

この言葉をしみじみと味わったおかげで、手数がかかるのを承知で、面倒なのを承知でそれをわずらわしいとせずに楽しむ心の大きさを持とうと思いました。

同時に、面倒でもやらなくてはいけないこともあると覚悟しました。

「葬式は面倒だから、自分が死んだら家族だけで簡単にやればいい」とおっしゃる方がいます。しかし、**面倒でも楽しめること、面倒でも大切なことはあります。簡単に葬儀をすませるのは、子どもたちに「(介護や人づき合いを含めて)面倒なことはやらなくていい」と教えているようなもの**だと思うのです。

やりがいや使命感などを感じていれば、手数がかかり、それをわずらわしいと思う心をはねのけることができます。

面倒な人間関係を維持することで、人に助けてもらえる、一人ではないという安心感を得られるのは事実です。

自分から動くと、いい人生が開く

ビジネスの世界でも紹介される柳生家の家訓に**「小才は縁に出合って縁に気づかず、中才は縁に気づいて縁を活かさず、大才は袖すりあった縁さえ活かす」**があります。

この場合の「才」は、人としての能力や器量の意味と考えていいでしょう。

毎日の天気ひとつとっても、自分と縁があります。明日の天気予報が出ていても、小才はその予報にさえ関心がなく、出先で雨に降られてビニール傘が増えていきます。

中才の人なら「明日は雨か。嫌だな」「ここのところ空気が乾燥していたから、ちょうどいいお湿りだ」「草木は喜んでいるだろう」くらいは思うかもしれません。

大才になると（私は中才なので、どんな活かし方をするかよくわかりませんが）、飲食店なら「お客さんが少ないだろうから仕入れは少なくするかな」、ドラッグストアの人なら「店頭に傘売り場をつくらないといけないな」、お客さんを迎える人なら「濡れた服の水滴を拭けるように、きれいなタオルを用意しておこう」と準備するでしょう。

一つの縁に気づいて、そこから関連するさまざまなことに想像を広げて活かしていけば、多くの良い縁を結んでいくことができます。

私は、お年寄りの「年は取りたくない」という言葉を聞いた縁から、「年を取ることは本当にイヤなことばかりなのか？」と疑い、年を取ることのメリットを探し、自分は「年は取りたくない」と（いってもしかたがないことを）愚痴にするのはやめようと覚悟できるようになりました。

これは感性の問題といっていいかもしれません。一つのことから何を感じるかということです。そして、感じたことをアクションにつなげていく行動力も大切です。

仏教にも「よいと思ったことはやってみる」という教えがあります。そのほうが心おだやかになれる可能性が高いのです。やらなければ後悔することになり、心乱れることが多くなります。自分で動けば仮にうまくいかなかったとしてもあきらめやすくなります。

すべてはさまざまな縁が寄り集まった結果です。放っておいても時間の経過という縁が働くので、少しずつでも変わってしまいます。

しかし、現状をどうにかしたいと思ったとき、縁の中に「自分から行動してみる」という能動的な縁を一つ加えることで、確実に物事は動きはじめることは忘れないでおきたいと思います。

人や物事を決めつけない

「つくられたものは同じ状態を維持することはない」を四字熟語で表すと「諸行無常」になります。つまり変化してしまうということですが、これは時間や空間を含めた宇宙を貫く大原則で、そのこと自体に善悪はありません。

早く動くと時間はゆっくり流れ、空間は重力によってゆがむことは、アインシュタインが予想し、物理学で検証されています。

しかし、コナン・ドイル作の『シャーロック・ホームズ』で、ホームズは日常生活で知っていてもほとんど意味のない、地球が太陽のまわりを回っているとか、時間は逆行しないなどの知識はないし、興味も示さない設定です。

私は知的好奇心として宇宙や物理学に興味はありますが、諸行無常の原則は私たちが認識できる範囲だけに限定しても、とても有意義な事実です。

仏教が声高に諸行無常を説くのは、私たちが、物事は同じ状態が続くとつい思いこんでしまい、心が乱れるからにほかなりません。

あらためて、なぜ諸行が無常なのかをおさらいしておきます。**どんなことも縁によ**

って結果が導き出されます。生物は生まれたという縁で、必ず死という結果を迎えます。雨が降れば濡れる、傘をさすという事態が起きます。私たちに都合（欲）がある縁で、それが思いどおりにならないとネガティブやマイナスの感情（苦）が生まれます。

結果を導き出す縁は、次々に変化していきます。社会や経済の変化、科学技術の進歩によって、人間の欲も次々に変化していくでしょう。

否、人間の欲が変化するから社会や経済、科学技術が変化することもありますから、縁や結果は相互作用し続けていくといってもいいでしょう。私たちにもっとも身近な縁の変化は、時間の経過です。時間が止まらないので、さまざまなものが同じ状態を維持することができないのです。

ここから、変化してしまうのだから、苦を少なくするには、いっそのこと変化を楽しむ心を養っておけばいいという対処法も生まれます。

また、変化してしまう状況の中で同じ状態を保ちたければ、変化に対して次々に手を打つしかないという事実も明らかになります。

「変化」に対してルールは少ないほうが柔軟に対応できます。このルールは「決めつけ」といっていいでしょう。誰かと会うときも、何事かに取り組むときも、決めつけないほうが対応できる幅がずっと広くなるのです。

こんな「時間が経って結ばれる縁」もある

仏教の中に、業《ごう》（行為のこと）がどんな結果をもたらすかについて研究した、業論という分野があります。

どんなことにも原因があり、そこに縁が加わり、結果になるという縁起《えんぎ》や因果《いんが》の法則を探究したのですが、その中に、三時業《さんじごう》という、「結果になって現れるまでには時間差がある」とする考え方が紹介されています。

三時は、現世（自分が生きている間）、来世（次の生、あの世）、さらにそれ以降の時間という三区分のことです。

この世でやったことの結果が生きている間に出ることもあるし、来世で結実することもあるし、さらにそれ以降に成果となって現れることもあるというのです。

私は自分のやったことがどんな縁になり、あるいはその縁にほかの縁が集まって、どんな結果になるか、できれば生きている間に知りたいと思います。来世（自分が死んだあとの生）の存在はロマンとして信じている程度ですし、さらにその先の生については、仏のみが知ることだと放っておくことにしています（わからないことをわからないとしておくのは、とても大切です)。

ともすると、この業論は現在の自分の不幸を説明するつじつま合わせに使われることがあります。あやしげな霊能者が「前世で悪いことをしたから、いま、こんな目にあっているのです」と脅しの道具として使うのです。

しかし、だまされてはいけません。業論は過去から現在を説明する宿命論的なものではなく、この世で正しい行ないをして心おだやかに生きていく、未来指向のために説かれているのです。

自分の行ないがもたらす結果に時間差があるのは、誰でも経験しているでしょう。面と向かって侮辱したら仲違いという結果になり、お金を浪費したらお金に困るという結果を招きます。

また、数日、数年を経て出る結果もあります。義務教育の勉強などはいい例でしょう。勉強したことや努力、集中力は社会に出てから発揮されます。あるいは「あなたの亡くなったお父さんには世話になったから」と親切にしてもらうこともあります。

このように、**自分がまいた種が実になるまでには時間差があります。時間が経ってから結ばれていく縁があるのです。日頃から、縁を大切にして、なるべく良い種をまいておきましょう。**即効性ばかり求めると、心が乱れてしまいますよ。

「切れた縁」を嘆かず、「続いている縁」に感謝する

年に一度くらいですが、「人前で話すのが苦手で、あなたがうらやましいです」とおっしゃる方と話す機会があります。

このときに私が申し上げることは決まって「『人前で』とおっしゃいますが、ご家族に対してもしゃべるのが苦手なんですか」です。

すると「いや、家族や友達ならいいんですが」と答えてくれます。そこで私は「そうすると、ご家族やお友達は人間ではないということになりますが……」と冗談をいいます。

聞く人が数人でも数百人でも、話は基本的に一人対一人です。私が一〇〇人の前で話をするときは、一対一の関係が一〇〇あると考えて話します。そう考えられるように、私は事前に会場の四隅と最後列と最前列の真ん中から自分がどう見えるかを確認します。その手順を怠ると、自分対全体という感覚になってしまい、聞き手は〝自分に話している〟と思ってくれません。選挙の街頭演説や選挙カーの言葉がちっとも私たちに響いてこないのは、一対多の感覚でしゃべっているからだと思うのです。

私は一生の間に、一対一の関係をどれくらいの人と結んでいるのだろうと思うことがあります。相手から多少なりとも影響を受け、相手にいくらかの影響を与える関係の数です。一生で出会う人の数は数万人かもしれません。その中で、笑顔が素敵な人、さわやかな人、愚痴ばかりいっている人、責任感の強い人、適当な人、ユーモアがある人など、自分が影響を受けている人の数は数百人でしょう。

それらの人とは、**一度しか会わなくても、何年も会っていなくても影響力という意味で縁は続いている**ものです。

第二次世界大戦前あたりまで、日本では「虎は死して皮をとどめ、人は死して名を残す」という言葉が残っていました。いまでは「名を残す」ことにそれほど重きを置く人は少なくなりましたが、人が死んでも、その人の影響力は残ります。

いまでも私に影響を与え続けている亡き人の言葉には「緊張して心臓がドキドキするのは、心の応援団が拍手している音だ」「自分から光る宝石はない。どれも外からの光が内部で乱反射して光るんだ。でも、磨いておかないと輝くことはできない」「余生っていうな。余った人生なんかないんだ」などがあります。

切れてしまった縁を嘆くより、影響力として続いている縁を思い、感謝したいものです。

「寂しさ」や「空しさ」はどこから来る?

「いろは歌」は、「色は匂えど散りぬるを、我が世誰ぞ常ならむ、有為の奥山今日越えて、浅き夢見じ酔いもせず」。

意訳すれば、「形あるものは変化してしまう。いったい誰が同じ状態を保てるだろうか。そんなものはない。変わってしまう実体のないものにこだわったり、畏《おそ》れを抱くような心のあり方を仏の教えによって早く乗り越えれば、浅い夢でうなされたり酔ってつまらないことを考えたりするようなこともなく、心はおだやかになれる」というところでしょう。

この歌の中の有為は〝為《な》すこと有り〟という私たちの世界です。仕事をしたり、掃除や洗濯をしたり、食事をしたりお風呂に入ったりなど、私たちにはやることがたくさんあります。

この有為を有畏と書く場合もあります。仕事をしないと大変だ、掃除や洗濯をしないとえらいことになる、食事をしなかったり、お風呂に入らなかったりするととんでもないことになるなど、畏れがあるのが、私たちの生きている世の中です。

こうした窮屈な心を仏教の教えで乗り越えてたどり着くのが、広く、ゆったりとした境地で、仏教語では「無為《むい》（畏）」の世界です。

この無為は一般的には〝やることがなくぶらぶらしていること〟で、暇という意味です。英語で time や free time と訳されますが、『新明解国語辞典』では「今しなければならない仕事などが無くて、自分の好きなことが出来る、のんびりした時間（状態）」とプラス思考で解説されています。

面白いのは用例の「暇をつぶす」（英語では kill time）の意味が「何かして紛らわす」とされていることです。紛らわそうとしているのは、退屈さでしょうか、寂しさでしょうか……。

ところで**「暇だから」という理由で人と会おうとする人がいますが、失礼な話です。**好きな人に会いたい照れ隠しで「暇だから」というのならかわいげがありますが、紛らわそうとしているものの正体（寂しさや空しさなどに対する畏れ）に一度真剣に向き合って、**一人でできる趣味を持ったり、「この人といると楽しい、ほっとする」と相手に思ってもらえるような人徳を身につけたりするなど、根本的な対処法を見つけたほうがいい**でしょう。

有為の世界に遊びながら、本当の無為に憧れて一歩ずつ近づいてみませんか。

「孤独な時間」と良い縁を結ぶ

お釈迦さまが弟子たちに残した遺言といわれる『遺教経《ゆいきょうぎょう》』には「遠離《おんり》」の項があります。

「わずらわしさや気苦労のない身心を得るためには、ときには喧騒を離れ、独《ひと》り閑居するのがいいでしょう。

自分のことからも、ほかのことからも、すべての欲から離れて、独り自然と向き合い、心静かに、苦の根源である自らの煩悩（心をおだやかにさせない欲）や無明《むみょう》（自分はまだまだであること）に思いを巡らす時間をお持ちなさい。

多くを願えば、悩みも多くなります。たとえ大木でも、たくさんの鳥の棲家になれば、枝が折れ、枯れることさえあります。多くの願いは、多くの鳥と同じなのです。

世間の束縛や、欲への執着は錘《おもり》となって、多ければ多いほど、あなたを苦しみの海の深みへと沈ませていくのです。象は水に入るのが好きですが、沼に深入りした老象が、泥に溺れて自ら出られなくなるようなものです。

喧騒や執着、束縛から離れる時間と場所を持つことは、とても大切です。それを遠離といいます」

中国の儒教教典『礼記《らいき》』に「小人閑居して不善をなす」があります。

つまらない人間は、一人で暇な時間があるとよからぬことを企《たくら》んだり、行なったりするものだという意味ですが、仏教では、人間性を信じて、悟りに憧れる人はあえて一人の時間と空間を持って自らの言動や思考を見つめ、掘り下げていきなさいと説きます。

経験上、仲間とどんなに楽しく遊んでも、お酒を飲んでも、その時間と空間での他人や自分の言動を振り返れるのは、そして振り返って気づいたことが染み込んで、自分の糧《かて》になっていくのには孤独な時間と空間が必要です（私にとっては、本堂とトイレとお風呂です）。

そのような**孤独になる時間と空間という縁を持つ人は、釣り針がたくさんついている綱を引き寄せているようなもので、学ぶことがたくさんひっかかります。さらに、それを活かして人づき合いという縁もひっかかることになります。**

単に孤立している人がたぐりよせる綱には針一つついていない気がします。ここが、人づき合いが苦手で孤立している人と、一人の時間に自分を成長させる孤独力を持っている人の違いでしょう。

相手との「共通項」をたくさん見つけよう

「やさしさってなんですか？」と問われれば、気遣い、手助け、思いやりなど、やさしさの範疇にありそうなことが思い浮かびます。

私は、**やさしさと「慈悲《じひ》」は同じようなもの**だと思っています。違いはあるのでしょうが、その違いを明確にするより、実際に他人や自然に対してやさしくできなければ意味はないと思います。

仏教の慈悲の定義はとても簡潔で、自他共に心おだやかになるために、「楽を与え（慈）、苦しみを抜く（悲）」ことです。

私たちは子どもの頃に「人には親切に」「人にはやさしく」といわれて育ちます。そのほうが、結果的に自分も相手も心おだやかになって、人間関係などがうまくいくのを知っているからでしょう。

ところが、どうすれば親切にしようとする心や、やさしい気持ちが持てるのかに言及されることはほとんどありません。もったいないと思います。

「慈悲の発生源は、相手との共通項を持つ、あるいは共通項に気づくこと」だと、私は確信しています。

合掌の形も、あなたと私は一緒ですねという思いを形にしたものでしょう。

知らない者同士が会ったとき、天気や時事問題などの二人の共通項を入れた軽い挨拶を交わすのも、心の距離を縮めるために何気なくやっていることです。同級生や同窓生、同じ趣味を持つ者同士が、何かにつけて共感し、連携し、助け合うのもよく見られる光景です。共通項があるからです。

あなたの家のそばにいるカラスも、おそらく同じ町内に暮らす仲間でしょう。家の中で見かけるゴキブリやネズミも小さな虫も、いわば同じ屋根の下で暮らしている者同士です。今日、地球（宇宙）に生きている者同士、今日存在しているもの同士という共通項に気づけば、心は人だけでなく、多くのことをやさしく包めるようになるでしょう。

ですから、**共通項を積極的に多くつくっていけば、慈悲が発生する土壌がそれだけ数多くつくられ、やさしさという縁が結ばれやすくなる**のです。

逆に、共通項を排除して「あなたはあなた、私は私」と割り切れば、やさしさは発生しません。

SNSのつながりだって、ご縁の一つですが……

SNSが多くの人に使われるようになってから十数年。その利点や欠点が次々に洗い出され、まとめられて、サービスを提供する側、される側の対応も出揃った感があります。

ハード、ソフトで画期的な技術革新があれば、また混乱が始まるでしょうが、人類の社会が発展していくかぎり、避けては通れない過程だと、私は覚悟しています。

SNS（ソーシャル・ネットワーク・サービス）の訳は一般的に「ウェブ上で社会的なネットワークをつくり上げる（構築する）サービス」と説明されています。**ネットワークを縁と考えれば、SNSは縁を構築するためのサービスということです。**

社会的な縁についての利点や問題点は、人間が社会生活をするようになった原始時代から浮き彫りになっていたことでしょうから、本書で扱っているような基本的な課題はSNS全盛の時代になっても変わりないでしょう。

手紙を書くときに白紙の便箋を最後に一枚加えるのは、返事を書くのに使ってくださいという返信希望の意味だといわれますが、返信がなければ不安になるでしょう。

ＳＮＳの既読や「いいね」がつかない、コメントがないときに不安になる状況と同じです。

ＳＮＳ特有の問題は、ネットワークが通常の縁とは比べ物にならないほど広範囲になり、相手の顔が見えないという点でしょう。

ところが、寂しがり屋の人は、自分が把握できないほど広範囲になっているとも思わず、相手の顔が見えない（実在の人物かもわからず、どんな人かも知らない）のに、心を許した相手だと勘違いしがちです。

相手は一対多として、何百、何千、何万人に対して発信しているのに、レスポンスを返した時点で一対一の個人的な関係が構築できたと勘違いする人もいます。自分が書き込んだコメントに対して反応がないと「冷たい」とさえ思うかもしれません。何十、何百というコメントに返信などできるはずがありません。それに気づかずに「そっけない」「冷たい」と思うのは身勝手な妄想といってもいいでしょう。

また、自分が発信したものに関しても、好意的な人しか読んでいないと思い込みがちですが、そんなことは金輪際ありません。

それをわかった上でＳＮＳを上手に使わないと、単なる道具でしかないＳＮＳに翻弄されることになりますよ。

〝通夜振舞い〟でわかる「ご縁の法則」

地域によって葬儀の習慣は異なりますが、私の住んでいる東京あたりではお通夜でお焼香してくださった方に、食事をしてもらう風習があり**〝通夜振舞《つやぶるま》い〟**と呼ばれます。

お焼香を終えると担当者が「ありがとうございました。お席を用意してあります。供養ですので召し上がっていってください」と案内します。時間的には夕飯の時間ですが、「夕飯がまだでしょうから、召し上がってください」とはいいません。

通夜振舞いは、遺族が故人に代わって布施行《ふせぎょう》として食事をしてもらい、功徳《くどく》（よいことをした貯金のようなもの）を積み、その功徳を故人に手向けて供養（もてなしを）するという尊い意味があります。

この事情を知っている人は、急いでいても席に座り、飲み物一杯でも海苔巻き一つでも口にします。

飲んだり食べたりしないと、遺族が功徳を積めないからです。

言い換えれば、遺族に功徳を積ませてあげるために席に着くのです（いつまでも席から立たずにお酒を飲んでいる人もいますが、それはその人なりの故人との不器用な別れの手段ですから、大目に見てあげたいと思います）。

「布施の行」は見返りを求めないで何かさせてもらうことですが、相手の厚意をはねのけるのではなく、ありがたく受けるのも相手に功徳を積ませてあげる広い心の表れですし、心おだやかに生きるための一つの方法です。

「何かお手伝いできることはありますか？」に対して「ありがとう。助かります」と素直に手伝ってもらうのも人としての徳で、縁がより強固なものになります。

注意したいのは見返りを期待した上での好意や厚意（おもいやり）です。

西郷隆盛は「命もいらず、名もいらず、官位も金もいらぬ人は、始末に困るものなり」という名言を残しています。

命が惜しい、名を成したい、お金が欲しいなどの色気があれば、それを材料に従わせることはできます。私も何度かそのようなエサを差し出されたことがありましたが、「おこころざしはありがたいが、ご心底が恐ろしい……」と丁重にお断りした経験があります。

邪心のない人からの好意や厚意は素直に受け入れても大丈夫ですし、受け入れたほうがいいでしょう。

家族だって「違う人間」

前述しましたが、私の好きな言葉に「**家庭はこんがらがった糸です。こんがらがっているからいいんです。ほどくとバラバラになってしまいます**」があります。家族一人一人、それぞれの思惑がからみ合っているのです。

親は子どもに、転ばぬ先の杖としてアドバイスのつもりで自分のいうことを聞かそうとします。

ときには子どもに「あなたのため」といいながら、親が満足したい、安心したいためであったりします。親になると、自分が子どもの頃に感じていた親の小言への不満など忘れてしまうのかもしれません。

子どもは親に束縛されているから自由になれないと不満に思うこともあれば、「親は私のことをちっともわかろうとしてくれない」と、はじめての子育てでどうしていいかわからずに、試行錯誤して子どもと接している親の苦労などわかろうとしません。

家族の構成員の年齢はさまざまです。夫婦は一生共にいようと思った二人で、社会の基本的な共同体の一つです。そして、共に同じ屋根の下で暮らす夫婦以外のメンバーも食事や話題など、多くの共通項が存在します。

仏教が説く慈悲（やさしさ）は、この共通項があることが基本です。同じ家に住んでいる、同じ食事をする、一つの話題で会話する、一緒にどこかに出かけ、共に泣き、笑うなどの共通項がないとやさしさは発生しません。

家族といえども「あなたはあなた、私は私」と、共通項を切り捨てるかのように割り切っている人にやさしさを期待しても無理です（そんな人でも、一緒に食事したり、出かけたりするなどの共通項をつくれば、やさしさが発生する土壌ができます）。

家族は、もともと強力な共通項を持った共同体なので、互いに相手のことを思いやる土壌はあるということです。自分の主張ばかり押し通すのではなく、共通項に気づけば、相手の主張ややり方を受け入れられるやさしさを持てるのです。

映画『カジノ』に、人のやり方は正しいやり方、間違ったやり方、自分のやり方の三つあるというセリフが登場します。本当だと思います。

正しいか間違っているかは時間が経過しないとわかりません。結果的に、人は誰でも「自分のやり方」しかできません。

共通項がたくさんある家族でも、それぞれ異なるやり方があるのですから、自分の思いどおりにしようなんて思わないほうがいいですよ。

「ご近所」という縁を大事にしていますか?

お寺の住職をしている私は、近所づき合いをある程度しているほうだと思います。町にある寺の檀家は基本的にその土地に住む人たちですから（田舎へ行けば一つの村に一つのお寺です）、地域を抜きにしてお寺の維持、運営は考えられません。

数代にわたってその土地で暮らせば一つの共同体ができます。江戸時代には幕府が五人組を、昭和の戦時下では政府が隣組を制度としてつくりましたが、もともと、地域で暮らす人たちは近所づき合いの中で生まれる助け合いの力強さを知っていたのでしょう。時の権力者は既存の小さなコミュニティを上手に利用しただけだと思います。

近所づき合いの土台になっているのは、つかず離れずの関係の中で行なわれる情報共有だと思います。

どこそこの家のじいさんが認知症になった、ばあさんが骨折した、孫が生まれたらしい、自動車を買い換えた、家のリフォームをしているなど、雑多な世間話が行なわれる中で、真偽も定かでない情報が無責任に拡散していきます。

それを嫌がる人は少なくありませんが「人の噂も七十五日」ですし、つかず離れずという関係の中では、嫌悪するほどのことではないでしょう。人は特定の他人を一日に十分以上思い続けることはありません。

問題になるのはわがままな人や邪悪な人間がコミュニティ内にいたり、外部から入ってきたりする場合です。そのために傷害事件や「知らない人と話すな」と子どもに諭《さと》すという世知辛い世の中になっていきます。

そうならないために、**大切なのが「つかず離れずの関係」。干渉しすぎず、さりとて無関心ではない関係です。**挨拶やちょっとした心配りをする程度の関係です。実際に、犯罪者は町の住人が道で挨拶を交わす地域を避けるといわれます。近所づき合いをベタベタした関係だと思っている人は、そのイメージをリセットすると地域の中でラクに生きていけるでしょう。

何度も申し上げますが、**慈悲（やさしさ）は互いの共通項に気づくことから発生します。近所、同じ地域という共通項は簡単に意識できるものの一つです。**

自然災害の多い日本では、災害が起こるたびに個人ができる準備と共に地域のつながりの大切さが説かれるのには理由があるのです。お寺の近所の道路に立てられている看板の標語は「防災は隣近所のたすけあい」です。いま一度「ご近所という縁」を見直してみませんか。

◎「性善説」でゆく

仏教の「苦」の定義は、自分の都合どおりにならないことです。マイナスやネガティブな感情が起きるのは、いつだって自分の都合どおりになっていないときですから、この定義に異論のある人はいないでしょう。

都合どおりにならない代表は生まれ、老い、病気になり、死ぬという四苦。これに、愛するものと別れなければならない苦、会いたくない人に会ってしまう苦、求めても得られない苦、体と心を持っているゆえの根源的な苦が加わり「四苦八苦」となります。

「苦は都合どおりにならないこと」という定義と同様に、「誰でもできれば苦はないほうがいいと思う」ことにも異論はないでしょう。私は、苦がなくなる状態を、いつでもどんなことが起こっても心がおだやかな状態と解釈しています。

古来、洋の東西を問わず、苦をなくす方法は「都合を叶えてしまう」か「都合そのものをなくす（減らす）」の二つです。

仏教は後者の立場を取りますが、都合をなくすためには物事の道理がわかっていないといけません。そのために、仏教では潜在意識ややさしさの発生源などの私たちの心のあり方だけでなく、因果、業（行為のこと）、空《くう》、バランスを取ろうとする力が働いているなど、世界のあり方などを注意深く観察し思索して、お釈迦さま以来二五〇〇年をかけて一定の成果を出してきました。

その成果の一つが、心おだやかに生きられない人も、心おだやかな状態になった仏と同じ性質（仏性《ぶっしょう》）を持っている〝悉《しっ》有仏性〟の考え方です。

「誰でも心おだやかでいたいと思うなら、私たちはみんな心の底に、善い心を持っていることになる」というのです。

つまり性善説です。すでにお伝えしたように、仏教で善は心がおだやかな状態、悪は心が乱れた状態をさします。

現在の科学では、人の本性は善でも悪でもないことが立証されているそうですが、それでも、仏教は性善説を説き続け、誰もが憧れる心おだやかな人になれる可能性を信じて、その方法を説き続けます。

悪いことをした人に対しても「本当はそんなことはしたくなかっただろうし、しなくてもいいならしなかっただろう」と考えられる人の立場は性善説でしょう。その希望を持っていたほうが、生きていくのがずっと楽しくなります。

家族を大事にしている人は間違いない

「上見て進め、下見て暮らせ」に類する格言にはさまざまなバージョンがあります。「上見て働け、下見て暮らせ」「上見て生きろ、下見て暮らせ」などです。

いずれの意味も「向上心を持って生きていけ、その際には自分より経済的に下の暮らしをしている人もいるのだから、いまの自分に感謝しながら暮らせ」というニュアンスで説明されています。

私がこの言葉をはじめて知ったとき、まったく違った解釈をして、そのまま現在に至っています。

私の場合〝**上見て進め**〟**は、顔を上げて視野を広くして前向きに生きていけという意味、**〝**下見て暮らせ**〟**は、自分が立っている土台（家族、生活、経済など）をおろそかにせず日々を暮らしていけ**という意味に受け取りました。

境内に墓地がある寺の住職の経験上、年に四回以上お墓参りに来る人や家族は、社会の中で、対人関係でギクシャクすることが少ないだろうと予想できるようになりました。

お墓参りをする理由はさまざまですが、お墓に入っている人へのおかげを感じている、感謝型のお参りをする人がとても多いものです。いまの自分があるのは、亡き人のおかげという感覚を持って暮らしていて、それがマメなお墓参りという行動になっているようなのです。

こうした人たちは、自己存在の土台について折に触れて意識しているのでしょう。そのために亡き人へのおかげを感じると同様に、現在の家族も大事にしています。家族のおかげで自分が安心して暮らせたり、働けたりしている感覚を自然に持っていて、その感謝の感性が人との衝突を避ける一因になっている気がします。

家族はこんがらがった糸のようなものですが、ほどけばもちろんバラバラになってしまいます。こんがらがっているのを覚悟して、それを楽しめる心を持っていれば、多方面にいい影響を及ぼすのは想像に難くありません。

私は講演会や会議などで留守がちの時期がありました。社会の中で仏教を広めていく充実感はありましたが、家内に「あなたの活動を支えているのは、このお寺なのを忘れないでね」といわれて、あらためて「下見て暮らせ」を心に刻んだことがあります。

あなたは、自分の暮らしを支えている土台を大切にしていますか。

「暴力的な人間」に近づかない

暴力をふるう人の多くが、自分が暴力を受けて育っていることが多いという調査があるそうです。いわゆる負の連鎖です。この連鎖が生み出す不幸を自覚して、当事者が「私でストップさせる」という勇気を持つことはとても大切でしょう。その勇気は誰でも持っていると仏教は考えます。

暴力をふるうのは、怒って心が乱れている状態です。仏教で扱う三大煩悩に「貪り」「愚かさ」「怒り」がありますが、この中で、怒りは攻撃的なエネルギーを外に向ける特徴を持っています。ですから、攻撃を受けた側の受ける物理的精神的被害は甚大になります。

怒りはもともと、自分の都合どおりにならないために起こります。ですから、仏教では、「自分の都合が理にかなっているのかを深く考えてごらんなさい」と説きます。ときどき「仏さまがいるなら、どうして戦争が起きるのですか?」と訊かれることがありますが、残念ながら仏さまには戦争を起こしたり終わらせたりする力はありません。

仏教が説き続けているのは、「力ずく（暴力）でいうとおりにさせようとする自分のわがまま（都合）に気づきなさい」ということなのです。

自分が短気なおかげで嫌われ者になっていることに気づいた人が、あるとき、町の知恵者を訪れて、どうすれば短気が直るか相談しました。すると知恵者は**「まず、あなたが他人を怒らせないことを学びなさい」**と答えます。

自分ではたいしたことではないと思っていても、相手にすれば怒りたくなるようなことはあるものです。何かしてもらったのにしっかりお礼をいわなかった、嘘はついていないからいいだろうと「あなたの考え方はヘンだ」「あなたには主義主張がない」といってしまったなどは身近で見聞きする短気な人の所業です。

「人がどんなことに腹を立てるかを自分で知れば、反面教師として自分を律することができる」というのです。

そのようなことに気づかずに、怒りに任せて暴力的な言動をする人は、歯をむき出して、あたりかまわず吠え続ける犬のようなものです。そばに寄るだけで吠えられ、近づきすぎれば嚙まれます。本人は自分が悪いとは夢にも思いません。すべて相手のせいにするでしょう。

このような、**あまりに始末の悪い人には近づかないほうが賢明**です。

3章

仕事は「ご縁」で考えるとうまくいく

「おかげさまで」が、仕事を好転させる

「おかげ（さま）」を意識して感謝して生きていく」という話は、人生を豊かに生きていくために多くの年長者や僧侶が口にするところです。

年を取った人が〝おかげ〟について口にする土台は、自分の経験です。曰く**「世の中は持ちつ持たれつで、お互いさまで成り立っている。自分の力だけでいまの自分がいるとするのは傲慢な考え方で、そんな考え方をしていれば誰も助けてくれない。だから感謝を忘れてはいけない」**という流れです。

昔は、自分の努力でどうにかする（どうにかなる）と意気込んでいたけれど、自分が成しとげたことを振り返れば、陰で支えてくれた人たちのおかげだと気づいたのです。自分がかつて傲慢だったか、身近におかげを意識しない独りよがりの人がいたのかもしれません。具体的な経験に即した人生訓ですから説得力があります。

これに対して、僧侶が説く〝おかげ（さま）〟は、因縁《いんねん》、縁起《えんぎ》などの世の中を貫く法則をもとにしています。

結論は、一般の年長者が説く「おかげを意識して、心おだやかに生きましょう」と

同じですが、その過程が異なります。

仏教は、いつでも、どんなことがあっても心おだやかでいたいと願う人に説かれた教えです。おだやかでいるためには、個人的な先入観や好みなどを超えた、世の中はどうなっているかを見極める必要がありました。

そこで発見されたのが、どんなことでも何かしらの縁が集まって結果になるという縁起の法則でした。

一つの結果をもたらすために集まる縁の数は膨大な数になるでしょう。いま、本書を読んでいるのは一つの結果ですが、そのためには本書がつくられた、買った、文字が読める、読んだ内容を理解できる（さらに細分化すれば、文字をつくった人、文字を教えてくれた先生、それを勉強した自分など膨大になります）。これらの縁を〝おかげ〟と呼びます。

縁の一つが差し替えられれば異なった結果になりますから〝いま〟は有り難い状態です。いまの自分という結果をもたらした膨大な縁のうちの、いくつかにでも〝おかげ〟を感じる感性は、次の縁を引き寄せます。ビジネスの世界なら、仕事が好転するという縁を引き寄せることにもなるでしょう。たとえ好転しなくても感謝を忘れなければ幸せでいられます。

今日、「ありがとう」と何回いいましたか？

誰でも、幸せになりたいと思いますが、幸せの基準は人によって違います。お金があると幸せな人、好きな（愛している）人と一緒にいられれば幸せな人もいるでしょう。病気をした人なら健康なだけで充分幸せな人もいますし、私のようにいつでもどんなことが起こっても心おだやかでいるのを幸せとする人もいます。「自分は幸せである」と思う人の大部分は、その幸せが自分の力だけで手に入ったものでないことを知っています。

お金があれば幸せと思う人でも、実際にお金が手に入れば、そのお金は誰かが払ってくれたことに気づきます。健康が幸せと思う人は、その健康を享受して過ごせる家族などのおかげも意識するでしょう。

このように、**幸せな人は〝おかげ〟を感じている人**たちです。

命をくれた両親や先祖におかげを感じる人もいます。自分に多くのことを教えて育ててくれた先生や友人に感謝している人もいます。車に乗ればこの機械を発明した人、製品化した人、デザインした人、点検した人に「おかげで乗れます」と思う人もいます。四季の変化や水や空気、昼や夜があることにさえ恩恵を感じる人もいるでしょう。

こうした〝おかげ〟は、自分との縁として考えることができます。幸せな自分はピラミッドの頂点にいて、そのピラミッドをつくる木組みのように多くの縁（おかげ）が支えてくれているようなものです。

じつは、**いまは幸せだと思えなくても、こうした縁に気づく感性を持っている人は、小さな幸せをたくさん見つけられます。「なんだかんだいっても、私は幸せ」と思えるようになる**のです。

こうした気づきが「ありがとう」という言葉になります。「ありがとう」とたくさんいえる人ほど幸せになるという仕組みになっているのです。

忙しかったり、自分のことで精一杯だったりすると、〝おかげ〟を感じるアンテナの感度が落ちます。

あるとき、私は夜になって、その日一日、「ありがとう」と一回もいっていないことに気がつきました。案の定、私はその日「自分は幸せだ」と一度も思いませんでした。自分のことしか考えない一日を送っていたのです。

あなたは今日、そして明日、〝おかげ〟に気づいて「ありがとう」と何回いえそうですか。

できる人が大事にしている「小さな縁の花」

私は、心おだやかに生きるためのトレーニングとして、四十代から二つのことに挑戦していますが、いまだにできるようにならないので挑戦中です。

一つは、別項（40ページ）でも触れた、誰かと別れるときに「じゃ、また」のあとに一言加える練習です。残念ながら、前途多難で、このまいくと、あの世のことや自分がやってきたことばかりを考えて、死ぬときでさえ大切な「ありがとう。世話になったね。おかげで楽しかったよ」といえないかもしれません。

もう一つは、**その日に最初に会う人に自分が起きてからその人に会うまでに五感で見た、聞いた、嗅いだ、味わった、触ったことに自分の思いを加えて伝える練習**です。

「今日は太陽がまぶしいからサングラスをしようと思ったけど、日本で仕事中にサングラスして歩くと、海外ドラマの見すぎだって笑われそうな気がして、やめたよ」

「今朝近所からカレーの匂いがしてね。きっと、昨日のカレーの温め直しだよ。今日の夕方に帰宅したときにカレーがなくなっているのを心配した誰かが、あわてて食べたんだよ、きっと」という具合です。

出勤した人が、こうした気づきと感想を隣のデスクの人に毎日いい続けると、二週間ほどで、同僚は「今日は何についていうだろう？」と楽しみにするようになります。上司や取引先の人にもそれができるようになれば、自ずと仕事もうまくいきます。

特別なことに気づく必要はありません。日常のささいなことに関心を持っていれば、起きてから数時間の間にも、感心したり、不思議を感じたり、驚いたりするようなことは佃煮にできるほどあるものです。

逆に、そのような気づきもなく過ごしているのは、心に泥水が溜まっている証でしょう。感性が鈍っているそのような人がよく口にするのが「どうせ」や「つまらない」です。

と、えらそうなことを書いていますが、私のこの課題の達成率は七割がいいところです。われながら情けないと思います。

しかし、こうした小さな気づきが小さな縁の芽となり花となって、大小の差はあっても、いつか心の中に美味しい実がたくさんなります。

どうぞ、まわりのことを五感で感じ、それに感想を加えて、その日に誰かに伝えてみてください。三日前のことではダメです。それは、三日前につくったお弁当を今日食べるようなもので、なんの新鮮さもありません。

上手な「貸し借り」は、いい縁、いい仕事につながる

お釈迦さまには信頼していた十人の弟子がいました。十大弟子と呼ばれ、それぞれ右に出る者がいない分野を持っていて、「〜第一」と称されます。

『般若心経』に舎利子《しゃりし》の名で登場する舎利弗《しゃりほつ》は智恵第一。抜群の思考力で人生の難題を解決していきます。

神通力（超能力）第一の目連《もくれん》（目犍連《もつけんれん》）は、地獄で苦しんでいる亡き母を救おうとお盆の行事をはじめた人物です。

釈迦入滅後に最長老として教えをまとめた摩訶迦葉《まかかしょう》は頭陀《ずだ》（修行に打ち込み清貧を貫くこと）第一。

つくられたものは不変の実体を持たないという空《くう》をとことん究めていたのは解空《げくう》第一の須菩提《しゅぼだい》。

富楼那《ふるな》は説法第一。

迦旃延《かせんねん》は論議第一。

失明した阿那律《あなりつ》は、肉眼では見えないものが見られる天眼《てんげん》の第一。

優婆《うぱ》（波）離《り》はかつて釈迦一族おかかえの理髪師で弟子になってからは戒律を厳格に守って持律第一と呼ばれます。

釈迦の息子の羅睺羅《らごら》は、細かい戒律に精通し実践した密行《みつぎょう》第一。

釈迦と一緒にもっとも多くの時間を過ごして多くの教えを聞いて記憶している阿難《あなん》は多聞《たもん》第一。

まるで仏教版アベンジャーズといったところで、各人の足りないところを、それぞれが持ち味を活かして人びとを救う十人を題材にしたアニメができそうです。

何か大きなものを動かそうとすれば、得意分野のある人がほかの人の不足分を補うことが必要で、それはまるで歯車を噛み合わせるようなものです。

災害時に自治体同士が助け合ったり、町工場では、緊急事態に物資の調達供給や施設利用などで助け合う協定が盛んに結ばれたりするようになりました。

消費者がよりよい商品を選べるように企業間の自由な競争を妨げない独占禁止法も、脱炭素社会に向けて大企業同士の革新的な技術開発を促進してもらうために緩和される流れが出てきました。

こうした縁は個人レベルでは義理・人情といえるかもしれませんし、ビジネスシーンでは協力、あるいは互いの力の貸し借りといってもいいかもしれません。

うまくいかなかったときも「感謝」

何かあればその人のために自分ができることをしてあげたい、協力してあげたいと思わせる人はいるものです。

そう思わせる人は何かしても「～してあげた」と、恩を着せるようなことはいいません。多くの経験と深い思索を経て発せられる言葉一つひとつには、心がこもっていてやさしく、頼もしいことこの上もありません。自分のことよりも相手にとってよりよいことは何かを考えて具体的な行動をします。そして、相手の立場に立って一緒に行動してくれます。

こうした人望を備えている人の特徴を四つにまとめて、仏教では「四摂《ししょう》」として説かれます。まわりに人が自然に集まり、みんな安心した顔をして、まるで周囲の人の心を温かく摂取しているような人が持つ四つの徳です。

見返りを求めない布施《ふせ》、やさしく温かい言葉の愛語《あいご》、他人のために尽力する利行《りぎょう》、相手の立場に立って協力する同事《どうじ》です。こんな人格者のためなら、こちらも喜んで一肌脱ごうと思うでしょう。

四摂の教えが服を着ているような人に何か手伝ってもらえたら、やったことがうまくいったときはもちろん、うまくいかなくても自然に「ありがとうございました」と感謝できます。

こちらの身になって協力してくれた（同事を実践してくれた）人に感謝できる感性を持っている人なら、次は自分のまわりに自然に人が集まってくるようになります。

知らないうちに四摂を実践できるようになっていくのです。

中国古典の『菜根譚《さいこんたん》』には、人徳のある人に関して、より具体的な特徴が述べられています。「小さな過失はとがめない。隠しごとはあばかない。古傷は忘れてあげる」（『中国古典　名著のすべてがわかる本』〈守屋洋／三笠書房《知的生きかた文庫》〉です。この三つを実践するのは難しいと思う方がいるかもしれませんが、二つのステップを踏むだけでそれが可能になります。

まず、「自分の小さな過失をとがめられたいか、隠していることをあばかれたいか、古傷をいつまでも覚えておいてほしいか」を自問します。

次に「相手の小さな過失をとがめてどうするつもりか、隠しごとをあばいてどうしようというのか、古傷を覚えておいて何に利用する気なのか」を自問すればいいのです。

「あの人、なんかいつも運がいいよね」

どういうわけだか世の中にはいつも運がいい人がいます。**「いつも運がいい人」は、いったい、どんな縁を結び、広げ、自分の元に手繰《たぐ》り寄せているのでしょう。**

たとえたまたま運がよくても、パスツールがいったとされる「偶然は準備していた人だけに訪れる」という言葉のように、なんらかの準備をしているはずです。

準備の一つは、多くの人にとってはマイナスのことでも、プラスに変換させる感性を、ことあるごとに養っているということでしょう。

多くの人が「寒いのはイヤだ」と思っている場合でも、その人は「この寒さのおかげで、夕飯はおでんやシチューが美味しいぞ。ラッキー！」と思います。「この寒さのおかげで、クリスマスにもらったマフラーが巻けて、愛を感じることができる」と思います。寒い中でもニコニコしているのですから、まわりの人が見れば幸せそうに見えます。そして、本人は本当に幸せなのです。

夏の暑さも「夏だから暑いのは当たり前」という土台に立って、いい汗を流せる絶好のチャンスととらえます。歩道の街路樹や標識や電柱の影に身を置いて涼む遊び心も持っているでしょう。

前項でも触れた四摂を実践できている人なら、何かあっても周囲の人が助けてくれるだけのことを周囲にしていますから、部外者の目には「助けてもらえて運がいい人」と映るでしょう。

またそのような人は「どうせ、○○だし……」とあきらめたりもしません。「どうせ」はまだやっていないのに、過去の経験や勝手な憶測、根拠に乏しい先入観から結論を出してしまっている人がよく発する言葉です。

どんなに憶測しても、やってみなければわかりません。今回は結果が違うかもしれないのです。それをわかっているので、多くの人があきらめるようなことでも「今度は違うかもしれない」と思って果敢に挑戦します。十回の挑戦のうち一回でも成功すれば、他人は「運がいい」とうらやむでしょう。

私も他人から「あなたは運がいい」といわれる一人です。

しかし、私は無意識で、それなりの準備をしているのだろうと思います。同時に、**物事は時と人が揃わないと動かないといわれるように、「運がいいことが起きたときは時と人（私）が揃ったからだろう」と、その偶然に「有り難い」と感謝するようにする、**それを心がけています。

「出会い」にちょっとお金をかけてみませんか？

この項でお伝えするのは「『出会い』にお金をかけると、いいことが起きる」ということですが、有料のお見合いパーティーに参加すれば恋人が見つかりますとか、意中の人に高額のプレゼントをすると振り向いてくれるなど、エセ占い師やニセ霊能者がいうようなことではありません。

日本語表記で「出会う」は相手が人の場合で、ほかは「出合う」が一般的です。しかし、私は相手が人でなくても、「自分に大きな影響を与えるもの」ならば「出会う」を使いたくなります。

そんなものといったいどこで出会えるかといえば、美術館や博物館、展覧会や舞台、ライブでしょう。本物ならではの臨場感や迫力があるものです。ちなみに「出会い」は文字どおり、出るから会えるのです。

かつて仲間うちで美術館へ行く計画をしたことがありました。全員に声をかけると、そのうちの一人が「その美術館は、一か月ほど前にテレビ番組で特集していて、それを見たので大丈夫です」と不参加の意向を示して、仲間たちをあきれさせました。それ以後、彼を誘おうとする人はいなくなったのはいうまでもありません。彼の本意が「時間とお金をかけて見る価値がないことはテレビで充分わかった」ということかどうかはわかりません。しかし、たいして長くもない人生で、触れる機会も少ない本物との出会いを逃し続けるのはもったいないと思いました。

私は生まれも育ちも現住所も東京都の東のはずれです。都内に多くある美術館や博物館、劇場、イベント会場はお寺からほぼ一時間圏内にある恵まれた場所です（天気予報は千葉を参考にしたほうが当たります）。

研修や大学などで数年間上京した人に会うと「せっかく東京にいるなら、美術館や博物館にたくさん足を運んで、芝居やライブも観ておいたほうがいいですよ」とアドバイスします。彼らが地元に帰るとき、「東京は便利でいいですが、一生住み続ける所じゃないと思いましたよ」と笑って、訪れた場所の感想を報告してくれます。

残念ながら、美術館や博物館、芝居やライブに行くにはお金がかかります。しかし、企画、展示、演出などを担っているのは、お金をもらっても恥ずかしくないものを創り上げようとしているプロ集団です。

そんな**「本物」と出会うために、お金や時間をかけてみませんか？　地域のイベントに出かけるだけでも、いいことが起こる**ものです。

◎「悪事を働く人」に近づかない

世の中には不正を働く人、悪事を働く人がいます。犯罪とまでいかなくても、自分が得をするため、己が身を守るために人の道を踏み外す人です。

あなたのそばにそのような人（人間の皮をかぶった醜悪な生き物）がいなければ、人間の醜悪さ、浅ましさを直接見なくてすむのですから、幸せかもしれません。

「悪事千里を走る」といわれるように、悪いことをすればすぐに多くの人が知ります。そのために犯罪者の更生を遅らせる可能性もありますが、不正や悪事の情報が多くの人に早く知らされれば、次の被害者が出るのを防ぐことができます。

そうした情報を見聞きした場合は、反面教師として身を律する糧《かて》にしていけばいいと思います。

同時に、**不正や悪事を働き、それを反省していない人がそばにいる場合は、その人から物理的、精神的に遠くに身を置いたほうが賢明**でしょう。

密教には、世の中がどのような関わり（縁）で展開されているかを多くの仏や明王《みょうおう》、神や鬼神、餓鬼の姿を幾何学模様の枠の中に配置して表した曼荼羅《まんだら》があります。中央にはすばらしい世の中を象徴した大日如来《だいにちにょらい》が描かれていますが、最外周部には鬼神や餓鬼たちが描かれています。

曼荼羅ではこうした悪しき者たちも、世の中を構成している一員として考えているので、排除されることはありません。

私は曼荼羅の前で毎日手を合わせていますが、あるとき**「そうか、悪事を働く者や邪悪な思考は、自分から遠ざけておけばいいのだ」**と気づきました。

経験上、「類は友を呼ぶ」のことわざのとおり、邪悪な人のまわりには邪悪な人が集まります。それぞれ己が保身のため、相手が不正を行なっている、悪事を働いているという弱みを握っています。

そのために、仲間から離れれば自分がどんな手段で、どんな噂を流されるかを知っているので、よほどの準備と勇気がないと抜け出す（足を洗う）のは容易ではありません。

そうならないために、なるべく距離を置いておいたほうがいいのです。親しげに話などすれば（多くの場合、ほかには聞こえないような声で話します）、周囲の人に「この人も仲間なのか」と思われて敬遠されてしまいます。

「李下《りか》に冠《かんむり》を正さず」「瓜田《かでん》に履《くつ》を納れず」です。

「遊び心」が、「面白い縁」を引き寄せる

私のモットーの一つは**「楽じゃなくても、楽しむことはできるはず」**。

「楽」と「楽しい」は同じ字ですから、楽をするのは楽しいはずですが、なまけて楽をしているのに、ちっとも楽しそうにしていない人がいます。「楽をしたいわけではなくて、単に面倒なことから逃げたいだけなのか……」と少し残念に思うこともあります。

そこから私は、単調だったり難しかったり面倒だったりして、やること自体は楽ではないけれど、それを楽しんだり、面白がることはできるだろうと思ったのです。

境内の落ち葉の掃除は面倒ですが、全体の面積を何等分して落ち葉をまとめるといいのかを考えるのは愉快なものです。また、落ちている葉の種類を識別したり、さまざまな形状の葉がどうしてそのような形になっているのかを考えたりするのは、知的好奇心を刺激してくれます。

書き損じのメモを丸めてゴミ箱をゴールにして投げ入れるのは、会社ではできないでしょうが、家でやるなら誰も文句はいいません。うまく入れば、ご褒美として好き

な缶詰を開けて肴の一品に加えれば楽しく〝ゴミケットボール〟が楽しめます。

達成するまでにいくつも手間のかかる仕事なら、その手順を○で囲み、その間を線でつないでボードゲームのように描きます。その上に駒代わりの自分の好きなアイテムやフィギュアを置いて、一つ終了したら駒を一つずつ進めていくと、仕事にもゲーム（遊び）の要素が加わって、心にゆとりも出ます。

毎日の通勤や通学でも、楽しめることはたくさんあります。道を歩いていて手前の電柱から次の電柱まで何歩でいけるか予測するのは私が夜の散歩でやる方法です。駅までの道すがら目にするカタカナの言葉はいくつあるかを数え、ローマ字表記の言葉の数を数えたりもします。住居表示や看板の電話番号などをすべて一桁に分解して、それを足していくのも私のような文系の人間には頭の柔軟体操になります。


遊び心というのか、子ども心というのかはわかりませんが、そのような感覚を呼び覚ますことが、いろいろなことを楽しみ、面白くする縁を引き寄せることに通じる。


これは経験上間違いがありません。

楽しみ方は無数にあります。やってみてはいかがでしょう。「そんな子どもっぽいことはしたくない」と思えば、せっかく手軽に手元に引っぱれる、楽じゃなくても楽しめる縁をみすみす逃すことになります。

「イヤな仕事」も何かの縁

カラオケの歌の中には、自分が好きな歌、得意な歌、好きではないけれど自分の声や歌い方に合っている歌があります。

同じように、仕事にも自分が好きな仕事、得意な仕事、やってみたい仕事、やりたくないイヤな仕事などがあるでしょう。

〝好きこそものの上手なれ〟のことわざのとおり、好きなら自分から工夫したり、努力したりするので、自然に上達していきます。その経験をもとにした技術や知識を応用できそうな仕事にもチャレンジしてみたくなります。

私はご詠歌（在家が唱える仏教讃歌）の先生を目指す若い僧侶に三十年ほど教えている間に、法話の素材の集め方や話の組み立て方などについても伝えたいと思うようになり、現在に至っています。

明治初頭から住職不在だったお寺に入り、住職になってからはお寺の活性化、仏教の活性化が私の仕事になりました。私は人を使うのが苦手な上に、先代の住職がにらみをきかせることもないので自由奔放にやってきました。

檀家さんが「写経してみたい」といえば「では写経の会をやりましょう」、「一度は巡礼というものをしてみたい」といわれれば「では、やりましょう」、「節がついたお経のコンサートはなかなかチケットが取れないんですよね」といわれれば「それなら、ライブハウスで私が仲間を集めてやりますから来てください」という具合です。

こうした経験のおかげで、何かを立ち上げて軌道に乗せる旗振り役は得意になりました。

しかし、人を使ったり、人をまとめたりするのはあいかわらず苦手なので、旗降りをして人が集まったら、別のことを旗揚げしたくなり、その場から離れます。

そして、還暦を過ぎたいま、〝長〟の肩書がつく役目を引き受けなければならなくなりました。**「順番」という縁が回ってきた**ということです。

苦手だからとその役を辞退して、あとに続く人たちに「そういうときには逃げてもいいのか」と思われてしまっては困ります。人をまとめるのがイヤだからという理由で辞退するわけにはいきません。

そこで、私はイヤだけれど、自分の力試しのチャンスだと思うことにしました。

「誰かがやらなくてはならないことなら、私がやってみよう」と。それがうまくいくか否かはわかりませんが、貴重な経験として人生の中に積み重なっていくはずです。

「お客様がお客様を連れてくる」ご縁の法則

「一人の人間には平均四十四人の知り合いがいて、その四十四人にはまた四十四人の知り合いがいて……と、自分から友達（四十四人）の友達（四十四の二乗）の友達（四十四の三乗）の友達（四十四の四乗）の友達（四十四の五乗）の友達（四十四の六乗）、途中に六人を介せば世界の人口より多い七十二億人を超えるので、七人目で世界中の誰とでもつながることができる」

この仮説は「知り合いが重複しない」という条件がありますが、心理学者のスタンレー・ミルグラムが提唱したSix Degrees of Separation（「六次の隔たり」）として脚光を浴びました。

みんなどこかでつながっているということで、この理論を土台にして構築されているSNSもあります。

仏教には、世界のあり方の一つとして『華厳経《けごんきょう》』で説かれる〝重々帝網《じゅうじゅうたいもう》〟があります。帝釈天《たいしゃくてん》が住む宮殿の天井は、結び目に鏡面の球がついている網で覆われています。結び目にある一つの球には、ほかの球も網も宮殿の内部もすべて映し出されています。

これはすべてが関係し合っているという〝六次の隔たり〟をさらに拡大した世界観と同時に、一つの中にすべてがあるという「一即多《いちそくた》、多即一《たそくいち》」というミクロとマクロ双方の見方をする壮大な世界観を表しています。

このような理論をビジネスの世界に応用すれば**「お客様がお客様を連れてきてくれる」**という法則が成り立ちます。

ＳＮＳなどでは、商品一つについて多くコメントが寄せられるので、好評価が多ければ購買欲をそそられるのは多くの人が経験していらっしゃるでしょう。

拙著『気にしない練習』（三笠書房）も、韓国のヒップホップグループＢＴＳのメンバーが愛読書としてウェブ上で紹介してくれたおかげで、日本のＢＴＳファンの方に読んでいただくことになりました。ただし、ウェブ上のコメントは意図的に操作されていることもあるので、もっとも効果的なのは口コミであることに変わりはないと思われます。

「お客様がお客様を連れてきてくれる」のは事実です。ですが、最初のお客様を大切にしないと次につながりません。誠実な言動や真面目なものづくりをしなかったために一人でも「あの人（あれ）はやめたほうがいい」と発信する人がいれば、その人から先へはマイナスの情報が伝わっていくことを肝に銘じましょう。

みんな誰かにいつも助けられている

自動車のフォードの創業者のヘンリー・フォードの言葉に**「集まることで始まり、ともに居続けることで進歩し、ともに励むことで成功する」**があるそうです。

会社だけでなく、家族や社会の一員として知っておきたい言葉だと思います。

始めたり、進歩したり、成功したりするのには、いつもそこに仲間の手助けがあります。助けられる人がいて、助ける人もいるのです。

しかし、どういうわけか、助けの手が伸びてくる人がいます。何かと比べて他人や自分を評価する習慣がある人は、自分と比べて、助けの手が伸びる人をうらやましく感じるかもしれません。

うらやましいという感情は、自分もそうなりたいという思いが含まれているので、誰かをうらやましく感じたら、自分もそうなるように努力すればいいのです。努力しないでいると、うらやましさはやがて妬ましさに変化していきます。

妬ましさは、相手を引きずり下ろしたいという気持ちが含まれているのでやっかいです。相手を引きずり下ろせば、「集まり、ともに居て、ともに励む仲間」はできませんから、始まることも望めず、進歩することもできず、成功するなどは夢のまた夢です。

手助けをしてもらえる人には、それなりの理由（縁）が働いているものです。あなたなら、どんな人を助けたいと思うでしょうか。

助けるのはやさしさ（慈悲）の一つの表れですから、共通項がある仲間意識が必要です。自分がかつて困った状況に陥った経験がある人は、現在辛い状況にある人に共感できて、助けの手を伸ばそうと思うでしょう。互いに心おだやかになりたいと思っている、なども共通項になります。

何かしらの共通項を感じて、私が助けの手を伸ばしたくなるのは、**ひたむきさ、邪念のなさ、正直さ、誠実さを持った人、そして、「助けて」といえる人**です。

一人でなんでもやろうとする人の中には、迷惑をかけたくないと思う人や、自分の力でなんでもやろうとする努力家がいますが、甘えではなく、勇気を出して「助けて」といえる人への助力は誰も惜しまないでしょう。

そして、助けの手が伸びる人をうらやましがっている人が知っておいたほうがいいのは、**すでに自分にもいろいろな形で助けの手が伸びている**ということです。

うらやましさを妬ましさに変えてしまった人は、なかなかそれに気づけません。

「たまたまの縁」も、大成功の種になる

自分から手を挙げたわけではないのに、たまたま自分がやることになる役割や仕事に出合うことがあります。同窓会、ＰＴＡ、自治会、マンションの管理組合などの公共色が濃い会の幹事や委員や事務局を任されるだけでなく、会社や上司が決めた仕事を振られることもあります。

そんなとき、その役から逃れようとしたいのはわかります。引き受ければ責任も生じますし、プライベートの時間や本来やるべき仕事の時間を削らなくてはなりません。

そのとき「やらせてくださいと頼んでもやらせてもらえないことができるのだから」「誰かがやらなくてはいけないのなら」と引き受ける人がいます。私もそのうちの一人です。

引き受けようとすると、「ほかにもやれる人がいるのに、どうしてあなたがやらなくてはいけないのだ」「あなたがやらなくても、誰かほかの人がやるよ」と助言する人が必ず現れます。引き受けられると、そのとばっちりが飛んでくると思う人、あるいは、引き受けたことを完遂できる力量がないからやめておいたほうがいいと心配し

てくれる人です。

しかし、自分の本来の業務ではなく、たまたまやることになったことをやりきった人の中で、それを後悔している人に出会ったことがありません。「貴重な経験だった」「勉強になることが山ほどあった」など、のちの人生の糧になる経験をしたことを異口同音におっしゃいます。

たまたまやることになったことこそ無意味にしない、無駄にしない。そういう意気込みがわいてくるのでしょう。「せっかくやったのだから、そこから何か得ないともったいない」という意地のようなものかもしれません。そのような人の人生には「無駄なこと」は何一つないでしょう。

私は〝**余計な**〟**仕事をするのは、自分というきれいな花火を打ち上げるための導火線に火をつけるようなもの**だと思います。さまざまな分野の余計な仕事をすればするほど、あちこちで導火線に点火しているようなものです。

その火がジリジリと燃え、数年、数十年後にドッカーンときれいな花火として打ち上がることがあるものです。

たまたまやることになった縁に全力で向き合うことで自分の力も増し、多くの縁が生まれていきます。導火線に火をつけるつもりで取り組んでみてはいかがですか。

自分の「損得勘定」を洗い直してみる

持っていると多くのことができるようになるのは、権力とお金でしょうか。権力があれば自分の影響を広範囲に及ぼすことができます。お金があれば欲しい物はほぼ手に入るでしょう。政治家になって権力を持とうとしてお金で票を買う人もいます。

「金持ちがどんなにその富を自慢しているとしても、彼がその富をどんなふうに使うかがわかるまで、彼をほめてはいけない」というソクラテスの金言が現代まで伝わっていても、お金や権力に魅了される人はあとを絶ちません。ひょっとすると、子どもの頃から、お金や権力がないと手に入らないものばかり求めてきたのかもしれません。

その結果、損得勘定の人生を是とするようになってしまうのでしょう。

損得は一つの結果なので、損得勘定をする人は、途中経過をあまり重要だと思っていない傾向があります。

そのような人がよく口にするのが「要は」「結局は」でしょう。「会話の経過を楽しむことができず、すぐに話をまとめたくなる人、結論を急ぐ人は、損得勘定で動く傾向がある」と申し上げたら、いいすぎでしょうか。

損得勘定で動く人は、どんなに仲間がいるように見えても信用されません。なぜなら、人助けであろうと損になることはしませんし、自分の得になるなら、躊躇なく人を裏切ったり、抜け駆けしたりするでしょう。そんな人を、どうして信用できるでしょう。

損得は経済用語です。従業員の生活を守るには会社は利益を上げなくてはなりません。雇用を維持するために新しい仕事に着手する資金も必要でしょう。しかし、会社運営のための損得勘定の価値観が人生の価値観になってしまえば、信用されません。信用されないのですから、仕事でも人生でも成功は望めません。

世の中は、ボランティア活動のように、損でもやらなければならないこともあります。泥棒や詐偽のように、たとえ得でもやってはいけないことがあります。

ある法事の後座で、元消防団員の檀家のおやじさんが、甥の「損をするのはおかしいでしょ。得になることをしてどこが悪いの。悪くないでしょ」という言葉に対して「お前な、人助けをしている警察や消防署が赤字とか黒字だとか聞いたことないだろ。損得ばかり考えて生きるのはやめろ」と諫《いさ》めたことがありました。私はとてもすがすがしい気持ちになりました。

ご自分の損得勘定を、一度洗い直してみてはいかがでしょう。

「競争意識」が、せっかくの縁を壊す

何をもって勝ちといい、負けというかは、それぞれの人の物差しによります。誰かと比べて強かったり、速かったりすれば勝ちと考える人もいますし、誰かと比べてお金を多く持っていれば勝ちとする人もいます。

自分の物差しで計って、勝てればうれしいでしょう。「どんなもんだ！」と、優越感にひたることもできます。比べる相手や物差しによって、Aのフィールドでは勝ったけれど、Bのフィールドでは歯牙《しが》にもかけられないこともあります。ですから、勝ち負けのある競争は〝同じフィールドで〟という大前提があります。

これがわからずに競争に勝ったと喜べば、周囲からは〝井の中の蛙〟〝裸の王さま〟と揶揄《やゆ》されることになります。知らぬは本人ばかりです。

競争に勝って得る優越感は、長続きしません。次は負けるかもしれないという不安がつきまとうからです。また、優越感はたちまち傲慢さに姿を変えて、他人をバカにするようになります。バカにされて喜ぶ人はいません。相手は悔しさをつのらせ、やがてバカにした相手を恨むようになるかもしれません。

一方で、競争に負けた側は劣等感にさいなまれます。至らない自分を自覚することで生まれる劣等感なら、まだ使い道があります。自分よりすぐれている人に憧れ、その人のレベルを目標にして自分を高めるための踏み台にするなら、劣等感も悪くありません。

しかし、劣等感が自己否定、自己嫌悪でとどまってしまえば、高みを目指すために使える踏み台に押しつぶされているようなものです。

このように、競争は問題をはらんでいます。それを知っている人は、ほかと比べないで自分が満足できればそれでいいというフィールドに立ちます。

いい製品（作品）をつくれた、やるだけやった、これ以上はいまの自分ではできないなど、自分が設定した目標値を達成すれば勝ちというルールをつくれば、行きすぎた競争意識によって人間関係という縁をボロボロにして、人生を狂わせないですみます。

インドの神話で阿修羅《あしゅら》は帝釈天との戦いに明け暮れますが、仏教の教えに触れて競争や戦いのバカらしさに気づき、一方的に「もう、やーめた」と戦いを放棄して、以後は仏教守護の神となったといわれます。

あなたは、いつになったら競争をやめられそうですか。

きちんと「謝れる」人は、良縁に恵まれる

世の中には謝るのが苦手な人がいます。何を隠そう、私がそうです。謝るのが苦手な人は、多くの場合、謝罪することより責められることのほうが苦手です。そのために、失敗しても叱られないように、言い訳をします。

何かを壊せば「こんなところに置いてあるほうが悪い」「わざとやったわけではない」「物が壊れるのは諸行無常《しょぎょうむじょう》だからしかたがない」と言い逃れすることに全力をあげます。

失敗すれば「だいたい私にやらせた人が悪いのです」「こうすると失敗するのがわかってよかったじゃないですか」と、あらん限りの言い訳を並べます。

その結果、「言い訳をするその口で、なぜ先に謝らないのだ！」と叱られ、「人のせいにすることにかけては天才だな」とあきれられ、この人に任せてみようという信頼の縁がちぎれてしまうこともあります。

謝らなくても、言い訳しても「謝らない」と叱られ、責められるのです。それならば、相手の「謝ればいいのに」という心情に寄りそって、まず「ごめんなさい」「申

し訳ありません」といったほうが、相手との信頼の縁は長持ちします。

私は、（主に家内に対して）「ごめん」という簡単な言葉さえいうのが苦手なので、アメリカのテレビドラマで使われる「謝罪します（するよ）」を使用したことがあります。家内の反応を見るかぎり、この言葉は日本語としてまだ認知されておらず、意志を疎通させるには不十分なのがはっきりしました。

わざとでなくても、謝れば、反省する心といさぎよさを見せることができ、縁が次につながるものです。

裁判王国アメリカの影響で、日本でも「謝れば自分の責任を認めたことになる」とする風潮があるのは悲しいことです。寛容の「寛」は広い心で大目に見てゆるす、「容」は受け入れてゆるす意味であることは、再確認しておきたいと思います。失敗に対してもっと寛容になれば、素直に謝れる人はずっと増えると思うのは私の甘えでしょうか。

おやおや、話が「謝らない人をゆるしてやってください」と懇願するようになりましたが、こちらに少しでも落ち度があって、良い縁をつなぎ続けたければ、まずきちんと謝ることのほうが大事です。

「謝り上手」になってみるのも悪くありません。練習する時間はありそうです。

上の世代から受けた恩を、下の世代に返そう

私たちはさまざまな角度から自分の立ち位置を確認して、これから進むべき道を模索します。

中島みゆきさんのヒット曲『糸』では、好きな人を縦糸、自分を横糸にたとえ、二人が織りなす人生という布が、いつか誰かをあたためうるかもしれない、傷をかばえるかもしれないと、愛の中での自分の立場を紡《つむ》いでいきます。

僧侶がみなさんによくお伝えするのは、自分の社会的な人間関係を水平方向の横軸に、自分と先祖の時間軸を縦軸にして加える考え方です。直径十センチメートルほどの厚紙の真ん中に楊枝をさして回す独楽のようなもので、その交差点にいるのが自分だとするのです。そこからかけがえのない自分の位置を確認して、自己肯定する一助にしてもらおうという魂胆です。

しかし、平面のような実生活の中にも「世代」という時間軸があります。社会は赤ちゃんからお年寄りまで、全世代が一丸となってつくっているのです。

私が二十代のとき、ある会の青年部立ち上げの場に参加したことがありました。最

初に挨拶に立ったのは、七十代の長老でした。

長老は、開口一番、「次代を担う若いみなさんが……」。その言葉に、私はその先の言葉を拒絶しました。社会はすべての世代がわけへだてなく担っているのです。若者は次代を担う、いまは私たちが担っているという年寄りじみた言い方が気に入らなかったのです。

経験を積んだ人が、経験が浅い人に〝上から目線〟でものをいうのは当たり前でしょう。問題なのは、自分は苦労したからえらい、まだ苦労を知らない若い者は未熟者という思い上がりなのです。

社会という平面と、先祖からの命のつながりという縦軸をイメージして、その交差点にいる自分が、いまの立場になれたことへの「おかげ」を感じるのはとても大切です。**自分が受けた恩を、下の世代に恩返し、恩送りと思って接する。**そうすれば、反感を買うことは少なくなるでしょう。

同じ時代を生きている仲間として、年長者は成果を自分のものにせず、若い人の手柄にしてあげる――。

目下へのそんな対応も、まわりの人は見ているものです。

「見た目」を整えると、いいことが起こる

私たちはSNSをはじめとして、直接対面するなど、一年にどれくらいの人と初対面の縁を結ぶのでしょう。

勤めている人なら配った名刺の数でだいたいわかるでしょうが、下町にある寺の住職の私は、講演会などの参加者を含めて年間に五〇〇人から一〇〇〇人というところでしょう。

言い換えれば、それだけの人に第一印象を与えているということです。読者向けの講演などでは、開口一番に「読んで極楽、見て地獄……。名取芳彦でございます」といっているのですから、どんな印象を持たれているかを考えると怖い気がします。

私たちにとって、その後の縁を紡いでいくのに第一印象が大切なのは論を俟ちません。**相手に不快感を与えない衣服、敬意を払った誠意ある話し方、相手の目を見て話す、相手の話をしっかり聞くなどの礼儀正しさ、そして笑顔などの表情は、いい第一印象を持ってもらい、良い縁を結ぶためのきっかけとなる必須アイテムでしょう。**

私は四十代までは、右のアイテムのうち表情が鬼門でした。おっかなく無愛想だと

思われることがよくありました。そのために、多くの良い縁を逃しただろうと思います。そこで、〝笑顔にまさる化粧なし〟〝笑顔に向ける刃《やいば》なし〟の格言を座右の銘にして、笑顔を心がけるようにしています（まだ挑戦中です）。

もとより、大切なのは第一印象だけではありません。第一印象だけよくしても、それが付け焼き刃だったり、形だけだったりすれば、その後のつき合いで化けの皮がはがれて、第一印象がよかったぶんガッカリされて、良縁は巡ってきません。

一度目はこぎれいな服装をしていても二度目で着るものが無頓着でだらしなければ、一事が万事のたとえのとおり、心もだらしないと思われてしまうのはしかたがありません。「外見でしか人を判断しないような人なら、こちらからごめんこうむる」と思う人もいるかもしれませんが、こちらが本性を出してあきれられるのを相手の責任にしていれば、良い縁はますます遠ざかるばかりです。

私は、心おだやかで、さわやかな生き方をいつもしたいと思います。その生き方が、第一印象の見た目や表情にも反映されるのが理想です。

私にとってのさわやかさは、相手を丸ごと包める風呂敷のような心であり、「相手が私のいうことを聞かないのにはそれなりのわけがあるのだろう」と察することができる心でもあります。

「誠実さ」が紡ぎ出す縁は力強い

ＩＴ関連企業の営業をしている若者から「成績はほどほどにあげているのに、社内で認められている気がしないんですよ」と、相談とも愚痴ともつかないことをいわれたことがあります。

私は「ある程度成果をあげているのに認められないのは、あなたに誠実さが足りないのかもしれないよ」といいました。

私のいっていることがよくわからない様子で、彼は「でも、利益を出すのが会社の最優先事項でしょう。それに貢献しているんだから、もっと認められてもいいと思うんですよ」と食い下がります。

私が彼に伝えた言葉は、荀子《じゅんし》の言葉を参考にしていました。

「仕える相手に認められないのは、自分がなまけているからだ。一所懸命働いているのに認められないのは、仕える相手を尊敬していないからだ。尊敬しているのに認められないのは、誠実さに欠けているからだ。誠実なのに認められないのは、成績があがらないからだ。成績をあげているのに認められないとしたら、それは自分に徳がな

いからである」（『中国古典　名著のすべてがわかる本』（守屋洋／三笠書房《知的生きかた文庫》）。まったく名言だと思います。

右の言葉の中にある仕える相手への尊敬や誠実さ、そして徳などが外に現れると、礼儀正しさになるでしょう。礼儀正しい人は周囲から好感を持たれ、困ったことがあれば助けてあげたいと思ってもらえるものです。

結果論ですが、礼儀正しい人には良い縁が集まってくるのです（良い縁を集めるために礼儀正しさを装っても、相手への敬意や誠実さなどが欠けていれば、すぐにメッキがはがれてしまいます）。

冒頭でご紹介した若者の言葉には嘘や偽りはなく、とても正直でした。正直なので私は彼の裏の心理を読む必要がありませんでした。

ところが、彼は社員としての本分、自分がやるべき営業に打ちこむ正直さが優先して、人としての真心に根ざした誠実さが不足している気がしたのです。

もちろん、人としてどれほど誠実でも、会社では利益をあげなければ評価されません。

しかし、**人生では、利潤や成績がつなげる縁よりも、誠実さが紡ぎ出す縁のほうがずっと広範囲で、力強い影響力を持っている**ものです。

いつでも、どこでも「謙虚」でいること

ある信用金庫主催の事業者向けの講演会に呼んでもらったとき、演題を〝心のすぽんじ〟にして、簡単なレジュメを用意しました。参加者は三〇〇名ほどでした。控室にもレジュメが用意されて、信用金庫の理事長さんたちと懇談して開会式に臨みました。

開会式の挨拶で発せられた理事長さんの言葉に、私は目を丸くしました。

「今日は、ご住職による講話ですが『心のすぽんじ』というタイトルですから、きっとなんでも吸収できるような心を持とうというお話ではないかと思います。楽しみですね」

タイトルだけ見て、講師以外の人が講演の結論を先にいうのは明らかなルール違反です。あまりにも傲慢で失礼な彼の発言に、私は講演の冒頭で、「今日の話の内容は理事長さんがご存じのようなので、理事長さんに九十分お話ししていただくことにして、私はこれで帰らせていただきます」とキレようと思ったほどです。

一方で私は、法話で「好きなことをしているなら、イヤな顔はしないほうがいいで

す。そう申し上げると、好きなことをしていてイヤな顔をするはずがないと思われるでしょうが、これにはもう少し深い意味があるのをご存じでしょうか?」と会場を見回していたことがありました。私だけが知っている深い意味を会場の人に質問する傲慢さは、理事長さんと同レベルでしょう。

それに気づいてからは「――ご存じでしょうか?　それは、好きなことをするときに出てくるさまざまな問題にも、イヤな顔をしないという意味です」と、すぐに答えをつけ加えるようになりました。それができるようになったのは、あの理事長さんのおかげです。

私の好きな『新明解国語辞典』で、謙虚は「自分の能力や置かれている立場をありのままに受け入れ、相手の意見を認めて素直に取り入れたり、相手を抑えるような自己主張を控えたりする様子」と説明されています。

私には耳の痛い説明ですが、**「謙虚」というのは、とても素敵な概念です。これなら、良い縁も自然に取り入れることになりそうです。**

逆に、思い上がって相手の意見を素直に認めず、相手を抑えるような自己主張をすれば、良い縁はどんどん離れて、寂しい人生を送ることになるでしょう。

注意、不平・不満は雪だるま式に増えていく

「雪だるま式」は、雪の塊を転がすと雪がついてどんどん大きくなるように、次から次へと積み重なり、目に見えて増えていくさまのことをいいます。

勉強をすればするほど、わからないことが出てくるので雪だるま式に知識を増やす人もいます。

熟達すればするほど、できないことが明確になるのでそれを習得して、雪だるま式に達人になっていく人もいます。

一方で、自分勝手な振る舞いをする人は、雪だるま式に他人を気遣うことができなくなっていきます。

不平や不満をいっている人は、次々に満足できないことを自分で発見していきます。まるで、負のスパイラルから逃れることができなくなっているかのようです。

かつて、『気にしない練習』というタイトルの講演会後の質問で「いまの政治っておかしいと思うのですが、どう思いますか?」という質問を受けたことがあります。

私は、「でも、その政治家を選んだのは私たちですからね」と答えました。「そんな

ことはわかっています。選ばれた政治家にその自覚がないんです。それが問題なんです」と不満はおさまりません。

しかたなく「では、あなたが選挙に出たらいかがですか」というと「選挙に出るにはお金がかかるんですよ。つまり、貧乏人は政治家になれないって、それもおかしいですよ」と不満は尽きることがないようでした。

「そうですか。では、あなたが選挙に出るためのクラウドファンディングをはじめて、選挙に出る資金を集めるという具体的な行動に出るしかないでしょう」と申し上げると、〝ダメだ、こりゃ〟という顔をして質疑は終わりました。

満足できないことがあれば、不平や不満が出るのはしかたがありません。しかし、それをたれ流すだけでは、心はおだやかになれません。自分が満足できる状態になるための方法を考えて、実行するしかないでしょう。

あるいは、満足できない状況に対して、「この程度でよしとしよう」「一〇〇点ではなく六十点でいい」と満足する方法もあります。

不平、不満は雪だるま式に増える性質がありそうです。

不平、不満が幾重にも重なって心を占有すれば、良い縁が入り込む隙間がなくなっていきます。

◎「朝は機嫌よくしろ」

不平や不満と同じように良い縁を遠ざけるものに、不機嫌や悪口があります。不平や不満を漏らし、人の悪口をいっている人、不機嫌そうな人には、なるべく近づきたくありません。誰でもマイナス、ネガティブな感情の渦に巻き込まれたくないでしょうし、渦に巻き込まれれば、良い縁が近くに来ても渦に引き込まれて手が届きません。

しかし、不機嫌な人にも、悪口をいっている人にも、そうせざるを得ない事情があります。周囲の人はその事情を察してあげることでこちらが受ける負のエネルギーを軽減させることができます。

それらの事情に共通するのは、仏教の苦の定義でもある「自分の都合どおりにならないこと」が本人にあるからでしょう。都合どおりになっていれば、不機嫌にならずにすみますし、人の悪口をいわなくても気持ちよく生きていけます。

そこで、自分の都合の対応策を、あらためて簡単にまとめてみます。

自分の都合（願い、欲）がある場合には、自分の努力でそれが実現できるかを考えます。

どうにもならないのが明らかになれば、いさぎよくあきらめられます（あきらめられないのは「どうすることもできない」ことを明らかにしていないのです）。交通渋滞にはまれば不機嫌になるでしょうが、自分が巻き込まれている交通渋滞は個人の努力では解消しません。病気や死、天気などの自然現象も私たちの都合以前の摂理なので、どうしようもありません。

自分の努力で叶う都合ならば、努力すればいいのです。何かやっているときに電話がかかってくるのが嫌ならば、電話線を抜いておくか、携帯電話の電源をオフにしておけばいいでしょう。機嫌よくしていたい、悪口はいいたくないという都合も自分のことなので、努力すれば叶います。

観光地の土産物店の店先に「おやじの小言」と題した格言集が手ぬぐいや湯飲みに印刷されて売っています。

その中に、私の好きな〝**出がけに文句をいうな**〟と〝**朝は機嫌よくしろ**〟があります。それくらいは、自分の努力でできそうです。

不機嫌だったり、悪口をいったりしていても、良いことが起こらないのは経験上おわかりでしょう。それは自分で張ってしまうバリアかシールドのようなもので、せっかくの良い縁をはね返してしまうのです。

「愚痴」や「嫉妬」への上手な対処法

不機嫌や悪口が良い縁を遠ざけることをお伝えしましたが、**愚痴や嫉妬にも、良い縁との間に、磁石の同じ極の反発力のようなものが働いている**気がします。

本人は「良い縁がないから、愚痴もいいたくなるし、嫉妬もしたくなるのだ」とおっしゃるかもしれません。しかし、これは、卵が先かニワトリが先か、という問題ではないでしょう。

愚痴や嫉妬の原因になることそのものには、善悪はありません。思った結果が出ないという事実を愚痴の材料にするのは自分自身です。その事実を自分の至らない点として反省材料にして次の成功につなげる人もいるのです。

ほかの人に愛情が向けられたり、自分よりすぐれた者がいたりという事実を自分本位にねじ曲げて嫉妬の感情を起こすのも自分です。

古歌に「月ゆがむにあらず、波さわぐなり」があります。一つの事実をそのまま欲のない静かな水面に映せばきれいに映るものを、都合どおりにしたい、自分だけに注意を向けてほしい、自分は優位でいたいという欲の波が立っている水面に映せば、愚痴や嫉妬などのゆがんだ形になります。

そのような波では、どんなものが映ってもゆがんで見えます。愚痴や嫉妬が良い縁を遠ざけるというのはそういう意味です。

ではどうすれば、愚痴をいったり嫉妬したりしないですむのでしょう。

多くの愚痴は他人からすれば、どうということはありません。愚痴をいっている人に「でも、あなたはまだいいほうでしょう」といえば、「まあ、そうなのですがね」とだいたい納得してくれます。簡単に納得できないようなら、自分の都合と真っ正面から向き合って、前項でお伝えした都合への対処を実行に移せばいいと思います。

嫉妬には相手がいるので対処はやっかいです。自分のことだけ好きでいてほしいのに、ほかの人に愛情を向けてしまう人（A）、そして、それが向けられる相手（B）がいるのです。

私なら、Aに対して「私のことをもっと大切にしてほしい」と伝えるくらいが関の山でしょう。そこから先のAの考え方に立ち入ることはできません。Bに対しては何もできませんし、何もしません。

自分よりすぐれている人に嫉妬した場合には、自分もすぐれた人を目指すことで、嫉妬という妬みはうらやましさに変化し、努力目標になります。

「違う土俵の人」とつき合うと縁が広がる

誰かと話していて、その人のいっていることは間違っていないが、何か、どこか違う……とモヤモヤすることがあります。

こちらは自分の考えのほうが正しいと思うのですが、相手の考え方の間違いを指摘することもできないときがあるのです。

「子どもが溺れていたら、助けるか?」「そりゃ、助けるでしょ」「どうして?」「だって、子どもが可哀想じゃないか」「違うよ。助けないと自分がイヤな思いをするからだ。つまり、子どものためなんかじゃなく、自分のためなんだよ」——私が中学生だったとき、高校生だった兄とした会話です。

兄のいっていることは正しいのですが、自分がイヤな思いをしないために人を助けるという理屈には納得できませんでした。

こうしたことは大人になってからも頻繁に起きました。そこで、たどり着いた納得のしかたは**「土俵が違う」という割り切り方**でした。価値観の相違といっても同じですが、私は東京下町の生まれ育ちだからでしょうか、「土俵が違う」のほうがストンと納得できるのです。

兄と話した「人助けは誰のため？」というトピックでいえば、兄は心理学的であり、哲学的な土俵に立っていました。私は、そんなことはどうだっていい、とにかく助けるという具体的行動という土俵に立っていたのです。

兄は、私を自分の土俵に上げようとしたのです。そして、私は兄の土俵にまんまとのってしまったので、わけがわからずモヤモヤすることになったということです。

経済という土俵vs人道という土俵、他人との勝ち負けという土俵vs自分との勝ち負けという土俵など、土俵の違いによる見解の相違はどこでも起きます。

土俵の違いに気づけば余計な気苦労をしないですむだけではありません。

相手の土俵にはどんなルールがあり、どんなことが評価されるのかを予測したり、知ったりできます。自分の土俵にだけ安住していれば予測しようとも思わないでしょう。

こうしたことをビジネスの場で応用しようとして、異業種交流が行なわれます。**自分には思いつかない発想などを実践している人たちとのつき合いは〝土俵が違う〟ことを意識さえしていれば、ご縁を大きく広げるチャンスにもなります。**

自分の土俵をしっかり守りつつ、相手の土俵にも興味を持ちたいものですね。

「あの人、どうしているだろう?」と思ったら――

昭和の時代に、ウィスキーのコマーシャルで使われた秀逸のキャッチコピーは「時は流れない。それは積み重なる」。

未成年だった私には特に響く言葉ではありませんでした。

しかし、風呂上がりで自室に戻ろうとしていた五十代だった父は、このコマーシャルの言葉を聞いて足を止めて、テレビにじっと見入って「この言葉は本当だ」とボソリとつぶやきました。

映画『カサブランカ』で使われたスタンダードナンバーの『As Time Goes By』や、沢田研二さんのヒット曲『時の過ぎゆくままに』などで歌われているように、時は流れ去るというイメージがあります。

しかし、時は流れ去るのではなく積み重なるという発想は、私にとっての「〝悩む〟と〝考える〟は違う」という言葉に出会ったときと同様に、当時の父にとって一つのパラダイムシフトだったようでした。

父の「この言葉は本当だ」と独り言のようにいう言葉に影響を受けたからでしょう、

私は、五十歳を越えた頃から「時は流れずに、積み重なっていく」と感じるようになりました。ちなみに仏教の時間の最少単位は刹那《せつな》で、指をパチンと鳴らす瞬間に六十五刹那の時間が重なるともいわれます。

時間が重なっていくという感覚は、未来志向の強い若い間にはなかなか感じられないかもしれません。しかし、人生が後半になると、過去の自分のやったこと、やらなかったこと（つまり、時間）の積み重ねがいまの自分をつくっているとしみじみと感じるようになります。

こうしたことから、人は年を取るにしたがって、挨拶の中に「その後、お変わりありませんか」「あれからどうしていらっしゃったんですか」「お子さん、いくつになりましたか」と、積み重なってきた時間を無意識に取り入れるようになるのでしょう。英語にもHow are you?（ご機嫌いかがですか？）と相手の現在の状態を聞くのではなく、How have you been?（どうしていましたか？）と連続する時間を意識した挨拶があります。いわば、アフターフォローです。

過去から現在、そして未来にわたって、誰もが積み重ねていく時間に少しだけ思いを巡らせて、あれからどうなっているだろう、どうしているだろうとアフターフォローしてみませんか。いい人間関係が続いたり、生まれたりします。

他人の成功を、自分のことのように喜べますか？

やさしくて真面目な人の中には「他人の成功を、自分のことのように喜べない自分が情けない」と思う人がいます。「他人の成功でも素直に喜ぶのが人として理想」と思っていらっしゃるようです。

他人の成功を、わがことのように喜ぶ人はいます。しかし、わが身を振り返っても、それはなかなかできることではありません。できるとすれば〝異なる土俵（価値観）〟に立っている気がしてなりません。

スポーツをやっていない人は、スポーツでいい成績をおさめた人に素直に「おめでとう」とお祝いを述べられます。

会社で昇進した人に対して、その栄誉に直接関係のない友人や家族は、心から祝福するでしょう。

お金が儲かった人に「よかったね」と素直にいえる人は、お金を儲けたいという土俵に立っていないのです。

ところが、富を得たいという土俵に立っている人は、富を得た人をうらやましく、妬ましく思い、素直に喜べないでしょう。

ここで喜ぶためには**「土俵を変えたほうがいい」**のです。

ソクラテスは〝富を得る〟という土俵ではなく、〝富をどう使うかが人としての価値を決める〟という土俵にいたようです。

別項でお伝えした「金持ちがどんなにその富を自慢しているとしても、彼がその富をどんなふうに使うかがわかるまで、彼をほめてはいけない」という彼が残した言葉がそれを物語っています。

財産、権力、家庭の幸せ、生きがいなどの土俵にいる人は、同じ土俵で成功している人を自分のことのように素直に喜べず、うらやましく思うでしょう。

うらやましいという感情は、自分もそうなりたいという願いとセットになっているので、自分もそうなれるように努力すればいいでしょう（努力したからといってうまくいくとは限りませんが……）。

うらやましいのに努力しなければ、相手を引きずり下ろしたいという「妬み」に変わってしまい、いつまでも、土俵の上で他人の足を引っぱろうと、地べた付近でうごめく虫みたいになってしまいますよ。

へたな「下心」は見透かされる

したごころ【下心】：善意に満ちていると思わせるような言動の背後にひそむ、利己的な願望（『新明解国語辞典』）。

お世辞、お愛想、おべんちゃら、甘言などは普段からつき合っている人にいわれても、嘘だとわかります。

昔から、嘘は目を見ていえない、大声ではいえないといわれているので、私は「いまいってくれたことを、私の目をじっと見て、大きな声でいってごらんよ」とニッコリいいます。相手は「降参」といって笑います。いわんや、つき合いが浅い人なら、こちらのことをそこまで知っているはずもありませんから、何か下心があるのはすぐにわかります。

このように、**利己的な願望をもとにした言動は、（真偽は定かでありませんが）犬が犬嫌いの人に近づかないように、かえって相手を警戒させることになります。見透かされているのです。**これは、三十歳になるまでには知っておきたい人生の知恵だと思います。

ところが、お世辞などはまだかわいいほうで、真意を隠したまま相手に取り入ろうと、相手がよく思っていない人の悪口を、さも自分も嫌いかのようにいう人がいます。人の悪口は蜜の味なので、つい盛り上がることもありますが、共感を示す方法として互いに知っている他人の悪口を材料にするのは、いい大人がすることではないでしょう。このようなことは四十代半ばには卒業したいものです。

どうにかして取り入ろうとする下心が見え見えで、気味悪く感じることが一つあります。いままで自分が世話になっていた会社や人の元を離れて、新しい職場や人に近づこうとして、元の会社や人の悪口をいう人に出会ったときです。私はそういう方に三人出会ったことがあります。三人とも六十歳を越えていましたが、それがどんなに愚かなことかまだわからないのかとあきれ、悲しくなりました。

私はいいました。「いままで世話になったところがあって、何かの理由でそこを離れて新しいところへ行って、前のところの悪口をいえば新しい人が喜ぶと思いますか？　思いませんよ。『この人は、私のところで何か気に入らないことがあれば、次のところへ行って、また悪口をいうだろう』って思いますからね」

三人とも黙ってしまいました。以来、連絡はありません。下心があっても、出し方には充分注意したいものです。

「してあげたこと」は忘れてしまおう

僧侶の私が布施《ふせ》と書くと「またお金の話か」と思われそうですが、お金の話は次章に譲りますからご安心ください。

ここでは心おだやかになるための教えとしての布施について、そしてその**布施がつながるさわやかな縁**についてお伝えします。

布施の原語はサンスクリット語の「ダーナ」。この言葉が中国に入ったときに「施《ほどこ》しを広く行き渡らせる」という意味で「布施」と意訳されました（漢字の布は布告、公布などで使われるように、平らに延べる、広く行き渡らせるという意味です）。また、原語のダーナを音写して「旦那」が当てられました。旦のほかにも檀が当てられ、お寺の檀家などでも使われるようになります。

この「施しを広く行き渡らせる」を、私は〝見返りを求めないで何かさせてもらう〟と解釈しています。心おだやかになるために説かれた布施の定義には「布施をした人、布施をしてもらった人にもその意識がなく、布施をされた物そのものにも布施の意識がない」という三つの条件があります。

義理と人情の浮世ではこの三つはすべて逆の要素を持っています。「してあげる」「してもらった」という思いは布施の定義からは外れます。そして両者の間で交わされる〝贈答品〟も、「(品物を) あげる」「(品物を) いただく」という前提があるので、厳密にいえば、布施にはなりません。

僧侶が受け取るお布施も、その意味では読経《どきょう》したお礼にいただくものではないというのが本義です。

つまり、条件付けしないで何かをしたり、されたりして、さらに双方にその認識がないのが布施なのです。そのほうがずっと気持ちがいいものです。

そのニュアンスを残している言い方が「喜捨《きしゃ》」でしょう。「お金のこだわりから離れるために、喜んで捨てているのだ。それがたまたまお寺のお賽銭箱だっただけさ」というこだわりのなさこそが、心おだやかになるための一つの方法だというのです。

つい、「してあげた」と恩きせがましく考えたり、「してあげたのに」と見返りが得られないことに苛立ったりしますが、そんな考え方をしている間は、心は自由になれません。

ギブ&テイクではなくキブ&キブ、やりっぱなしの気持ちでことにあたれば、相手も「この人と縁をつないでも面倒なことにはならない」と安心してくれます。

4章

お金も「ご縁」で考えるとよくわかる

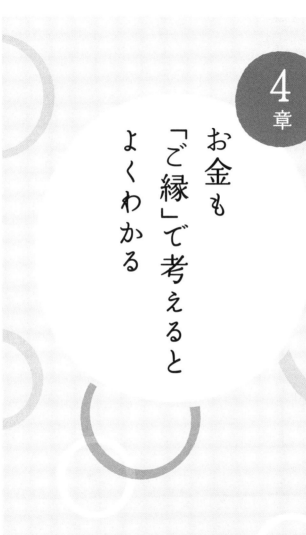

お金は巡る

お金がまだなかった時代、私たちの先祖の生活は狩猟、採集の自給自足と物々交換が基本だったでしょう。

やがて、物々交換での不足分は誰もが価値を認める希少な貝や丸い石貨で代用されるようになります。

こうなると、お金が世の中を巡るようになります。重い石貨などはそう簡単に動かせず、冠婚葬祭でしか使われないで所有権だけが移動したようですが、穴の空いた円形の石は、少なくとも移動することを考えてつくられた形でしょう。

こうして徐々に、自分の所有する家、着るもの、道具、家具など以外に、お金という共通の価値基準に基づいた、フレキシブルに使えるものが流通するようになり、「金は天下のまわりもの」の異名を取ることになります。

ただ、残念なことに、**お金はまわってはくるのですが、自分のところにとどまらないという性質も持っている**ようです。

森鴎外の『高瀬舟』で、弟の自殺幇助《ほうじょ》で島流しになる喜助が、高瀬川を大阪までくだる船中で護送担当同心の羽田庄兵衛にいいます（要点のみ引用します）。

「わたくしは今日《こんにち》まで二百文というお足《あし》を、こうして懐《ふところ》に入れて持っていたことはございませせぬ。（為事《しごと》をして）貰《もら》った銭は、いつも右から左へ人手に渡さなくてはなりませなんだ。それも現金で物が買って食べられる時は、わたくしの工面《くめん》の好《い》い時で、大抵《たいてい》は借りたものを返して、また跡《あと》を借りたのでございます。（今回）お牢を出る時に、この二百文を戴きましたのでございます。この二百文はわたくしが使わずに持っていることが出来ます。お足を自分の物にして持っているということは、わたくしに取っては、これが始《はじめ》でございます」

これを聞いた庄兵衛は、わが身に引き比べて思います。

「（喜助は）いかにも哀《あわれ》な、気の毒な境界《きょうがい》である。しかし一転して我身の上を顧みれば、彼と我との間に、果たしてどれほどの差があるのか。自分も上《かみ》から貰う扶持米を、右から左へと人手に渡して暮らしているに過ぎぬではないか。彼と我との相違は、いわば十露盤《そろばん》の桁《けた》が違っているだけで、喜助のありがたがる二百文に相当する貯蓄だに、こっちはないのである」

このあと、庄兵衛はたいした違いがないと思った自分と喜助の間に、大きな違いがあることに気づきますが、この続きは次項におつなぎいたします。

「いま、手元にあるお金」に心から感謝する

『高瀬舟』の庄兵衛は、自分に巡ってくるお金の桁をいかに違えて考えてみても、喜助の欲のないこと、足ることを知っていることを不思議に思います。

そして……。「(庄兵衛が同心として)自分の扶持米で立てていく暮しは、折々足らないことはあっても、大抵出納《すいとう》が合っている。手一ぱいの生活である。然るにそこに満足を覚えたことは殆どない。常は幸《さいわい》とも不幸とも感ぜずに過している」と自らの生活を振り返ります。

いつもは、ときどき妻が実家からお金を工面して穴埋めしながらも、右から左にお金をまわして生活していることに、特に不足を感じていない庄兵衛でしたが、ここで漠然と人の一生について考えを巡らせます。

人は持病があるとこの病気さえなかったらと思い、食べるのにも苦労すればせめて食べていければと思います。もしものときに使える蓄財がないと、少しでも貯金したいと思います。

そして、貯蓄があっても、それがもっと多ければいいと思います。ここからは、文

豪の文章をそのまま引用します。

「かくの如《ごと》くに先から先へと考えて見れば、人はどこまで往って踏み止まることが出来るものやら分からない。それを今日の前で踏み止まって見せてくれているのがこの喜助だと、庄兵衛は気が附いた。

庄兵衛は今さらのように驚異の目を睜《みは》って喜助を見た。この時庄兵衛は空を仰いでいる喜助の頭から毫光《ごうこう》がさすように思った」（※毫光：仏の白毫からさす細い光線が四方に輝くこと）。

もっと欲しいという欲が、おいでおいでをして私たちを引っぱり続け、あるいは、さあ行けと押し続けます。しかし、それに身をゆだねてしまえば、金銭欲という縁に操られた奴隷のような暮らし方をするようになり、ひいては「自分の生き方」に満足をおぼえられずに一生を過ごすことになります。

それではいけないと、鴎外は「踏み止まる」という文豪らしい表現で、その勇気を称《たた》えているかのようです。

二百文という「いま、手元にあるお金」に心をとどめている喜助には、金銭欲が入り込む隙さえないのかもしれません。

見習いたいものです。

「金の切れ目が縁の切れ目」について

「金の切れ目は縁の切れ目」は、もともと遊女と客の関係についていった言葉だそうで、その世界で「いい人ね」といわれた場合には、言葉の前に（どうでも）が省略されるのが普通。仮に恋をしている気がしても、それは「金持って来い」のコイの意味といわれます。

お金だけで成り立っている関係なら、会社であろうと夫婦であろうと、金の切れ目は縁の切れ目になるでしょう。なかには、経済的に自立できないので離婚しない（できない）で戸籍上夫婦の縁を保っている人はいますが、それはかろうじて金がつないでいる縁といっていいでしょう。

すでにお伝えしているように、世の中はすべて縁が集まって結果になり、その縁は刻一刻と変化していくので結果も同じでなく、変化してしまうという諸行無常《しょぎょうむじょう》の大原則が働いています。

その意味で**「金の切れ目は縁の切れ目」は、関係を保つのに重要な縁の一つに金銭の授受があり、その縁が「切れる」という変化を起こして、関係性が保てなくなると**

いう結果になったということです。資金繰りが困難になった会社と取引する会社や人はいないでしょう。給料が払えなくなった会社は雇用関係という縁を切らざるを得ません。ある意味で、理にかなっているのですから合理的といえます。

この合理を、そっけない、味気ないと感じる人は私を含めて少なくないでしょう。義理人情に厚い人は「金の切れ目が縁の切れ目？　冗談じゃない。その関係は金だけだったのか？　人間関係はそんなものではないだろう」とガッカリするのです。

しかし、これも知恵を使えば、しかたのないことだと理解できます。自分はお金だけでつながっていたわけではないと思っても、相手にとっては金銭こそがもっとも大切なものだったということです。

それを、相手も自分と同じようにお金以外の縁で結びついていると勝手に思っていただけで、いわば早とちり、片思いだったということでしょう。

幸いなことか、おめでたいのか、私はいままで金の切れ目が縁の切れ目になった記憶がありません。

単に忘れているだけかもしれませんが、忘れてしまうようなことなら、最初からたいした縁ではなかったのです。さっさとあきらめて、別の縁を大切にしたほうがいいでしょう。

お金を使うときは気持ちよく使う

「心迷えば○○に転ぜられ、心悟れば○○を転ず」（○○は同じ言葉が入ります）は、私が半年に一度は思い出す大切な言葉です。もとは禅僧の言葉で○○には「法華《ほっけ》（仏の世界）」が入ります。

仏の世界に入るとか、まだ入っていないとか、それはどんな所だろうと考えているうちは心が法華にいいように転がされている（迷っている）状態で、悟ってしまえば自由に法華を自分の中で転がしていけるという意味です。

ハムスターに回し車を与えると、興味津々に中に入って歩きはじめますが、歩くと車が回るので落ちないように走り出します。すると回転はどんどん早くなり外に放り出されます。これが、回し車に転じられているハムスターです。

しかし、この遊具の遊び方を知っているハムスターは、逆回転だってできるようになり、落ちないように下りることができます。これが回し車を転じているハムスターです。

私は、**「人生とは何か、人生とはこういうものだと真剣に考えたり、悩んだりして**

いるうちは人生に転じられている」と自己分析します。仏教とは何か、坊主とは？夫たるもの……と考えているうちは、まだそれらに転じられているのです。

こうしたことがある程度の決着を見て、心がそこから離れると、「人生？キャンバスに描いている油絵みたいなもので、いつだって制作途中だよ」「仏教？ああ、仏道ともいうからね。実際に歩かないとダメなんだ」「坊主？毎日が日曜日みたいな生き方をして、ズーッとボーッとしている人だよ」「夫？おっと、へたにそんなことをいおうものなら、大変なことになるからいわないよ」という程度のことはいえるようになります。

これをお金について当てはめれば、私の場合、**「お金をもらうときにうれしそうな顔をして、お金を払うときは嫌そうな顔をしているうちは、お金に転じられている（お金に使われている）」**となります。

これに気づいてから、私はお金が自分の手元から出ていくときにも笑顔でいられるように練習しています。練習している最中ですから、まだ転じられていることを自覚しています。その練習が必要なくなって、気持ちよくお金を使うことができるようになったとき、私はお金が持つさまざまな側面のうちの一つを転じることになるでしょう。そうなれば、心おきなくお金とがっちり四つに縁を組めるかもしれません。

思いをカタチにしてみませんか？

お釈迦さまは当初、仏像などの偶像崇拝を禁止しました。仏教の教えは、智恵と実践によって身につくもので、何かに手を合わせて得られるものではないと伝えたかったのでしょう。

しかし、お釈迦さまが亡くなってから、人びとは悟りを開いた仏に憧れ、その姿を熱望しました。

こうして、悟りの象徴（シンボル）として仏像や仏具が誕生します。人びとはそれを手がかりにして仏教の教えを学び、仏道を歩むようになりました。

お寺の本堂や仏壇がきらびやかに金箔で飾られているのは、欲を捨てて心おだやかにする教えとそぐわないと思われるかもしれませんが、この場合、金は光の象徴です。悟りの世界が光り輝いている様子を表し、また、仏教の教えが錆《さ》びず、腐らないことを象徴するために金を使うともいわれています（少なくとも、私はそのような気持ちできらびやかに装飾された本堂や仏壇の前に座ります）。

あなたのまわりにも実用品以外に、こうした象徴を目的とした品物があるでしょう。

高いステイタスを象徴した高級品、マンガやアニメの描かれた内容に共感し、憧れて手に入れたフィギュア、自分らしさのシンボルとしてのアクセサリーなどがそうです。それらはすべて何かの思いを象徴していると申し上げても過言ではありません。

自分のための品物だけではなく、自分の思いを物に託す場合もあるでしょう。誕生日のプレゼントは「おめでとう」の気持ちを表し、発表会や退職者への花束は「お疲れさまでした」という心の象徴です。

後輩の僧侶は、友人の紹介で知り合った女性と迎えるはじめてのクリスマスで、「何が好きか、喜んでもらえるかいろいろ考えてもわからないので、商品券にしようと思うんですけど、どうでしょう」と、私を唖然とさせたことがありました。彼にとっての商品券は、義理と混乱の狭間にゆれる愛の象徴だったのでしょう。

江戸時代の八月一日（八朔《はっさく》）は、正月と並ぶ大行事でした。いつも「頼み」にしてお世話になっている人に、駄洒落の「田の実」をかけてお米や品物を贈答する習慣があったそうです。

感謝や真心を象徴するのに、お金をかけたカタチが必要なこともあります。思っていればそれで充分と思わずに、遊び心、ゆとりある心で、思いをカタチにしてみませんか。

身近な人とのお金のトラブルは、最悪です

さまざまな縁の中でも、お金でつくられた縁は鋭い刃のトゲがたくさんついている鉄条網か鞭のようなものかもしれません。

親子や夫婦、親戚、友人、知り合いなどの信頼や友情という縁で結ばれている間柄でも、お金という縁が加わってそれがねじれると、信頼や友情の縁がずたずたに切り裂かれてしまう力を持っています。

よく見聞きするトラブルは、金銭の貸し借りです。お金を貸した担保として物を預かる場合もありますが、金融機関と違って厳密な査定が行なわれないので、信頼に基づいている貸し借りといえるでしょう。

昔からいわれているでしょうが、戦後十三年経って生まれた私も、親から**「親しい人とお金の貸し借りはしてはいけない。もし貸すなら、返してもらおうと思わずに、縁を切る覚悟をして〝あげた〟と思いなさい」**といわれて育ちました。

人を信頼し、自分が信頼されることをお金の縁より大切に思っている人は寸借詐欺などのかっこうの餌食になりますが、身近な人からお金を借りようとはしないでしょ

う。何年もかかって築いた信頼を崩壊させる恐れがあるからです。

〝金の切れ目は縁の切れ目〟どころではなく、**お金に関する裏切りは、信頼や友情の縁を切るというより、その縁を不信、憎悪というおぞましい縁として再生させてしまう力を持っている**のです。

身近な人とのお金のトラブルは、何年もかけて築いた信頼や友情を、一瞬で不信や憎悪に変化させる力を持っているということです。

「あの人にお金を貸したら、返してくれなかった」という悪評は瞬く間に千里を走り、周囲の人にも猜疑心《さいぎしん》が生まれ、信頼関係はトランプでつくった塔のようにもろく、崩れていきます。それがたった一回の裏切りによって起こるのが、お金のトラブルです。

そうならないための最善の方法は、「親しい人と金銭の貸し借りはしない」という先人たちの言葉に集約されているでしょう。

もし、私が親しい人から「返すあてがあるからお金を貸してほしい」といわれたら「あてなんか、お前さんがあてにしているだけで、だいたいは向こうから外れていくものだ。だから貸さないよ」「信頼という財産は安心という莫大な利息を生むが、お前さんに貸した金は疑念と裏切りという利息しかつかないから貸さないよ」と断ります。

◎「一円をバカにする者は、一円に泣く」

大正八年、当時の逓信《ていしん》省為替《かわせ》貯金局が貯蓄奨励用に公募した標語の中で、二等に選ばれたのが「一銭を笑う者は一銭に泣く」。いまでは「一円を笑う（バカにする）者は、一円に泣く」といってもいいでしょう。

一円は日本で流通する貨幣の最少単位ですが、たかが一円、されど一円です。塵も積もれば山となるは、お寺の本堂のお賽銭箱を開ければすぐにわかります。お賽銭を入れた人の気持ちと共に、一円玉もまとまれば数百円になるのだとわかります。

普段はなかなか気づかないことですが、一〇〇〇円は一円玉一〇〇〇個分ですし、一万円は一万個です。この最少単位がなければ一億円も意味をなさないことになります。

冒頭の「一銭を笑う者は……」は、少額だからといってバカにしないで大切に使ったり、貯めたりしないといけない、人生ではその少額のお金の工面がつかずに困ることがある、という意味です。

千里の道も一歩からといわれます。小さな一歩を踏み出さないと遠い道のりを行くことはできません。そして、ゴールにたどり着くのも最後の一歩です。

このように、**一円を大切にする、小さな積み重ねができる人は、丁寧な人生を送ることができます。**

わずかばかりの一円ですが、純アルミ製のこの硬貨は、水に浮く世界で唯一の硬貨です（乾いている一円を平らな水面に静かに置くと確認できます）。

また、一円硬貨をつくるのに約三円のコストがかかるといわれます（製造原価は貨幣に対する信頼維持や偽造防止のため公表されていません）。直径は二センチメートル、重さは一グラムです。

私は小学校の道徳の講演会で、一円玉の重さが一グラムなのを伝え、私たちの血を吸う蚊の体重がだいたい二ミリグラムなので、約五〇〇匹の蚊の重さが一円玉一枚だと伝えます。

そして、一匹の蚊が吸う血の量は自分の体重と同じくらいなので、五〇〇匹の蚊がお腹一杯血を吸った重さは、一円玉二枚と同じです。

この中の一匹が血を吸ったからといって「このやろう！」と殺さずに、「ごめんなさい」といって叩こう、お家に仏壇がある人は、殺した蚊のためにお線香を一本あげようと伝えています。**私にとって一円は、命という縁とも結びついています。**

お金がないなら、ないなりに生きる

世界で類を見ないほど急速に高齢化が進むといわれるのが日本です。高齢者が若いときに払っていた年金が元金保証されて投資されていたのは昔の話でしょう。現在のお年寄りに支払われる年金は、現在働いている人がおさめた年金でも支払われているといわれます。少子化で高齢者の経済を支える若者の数が少なくなれば、年金資金も少なくなるのは目に見えています。

そのような風潮から、老後の資金不足を不安がる人がいます。否、お年寄りだけではありません。コロナ禍などで働けずに、現在の生活もままならない人も少なくありません。私は経済についてはまったく素人ですが、「もっとお金をください」という国民の声に国が応えて、一人に一〇〇〇万円を無償で配れば、今度は貨幣経済のシステムが破綻するでしょう。

目下のところ、**お金が欲しければ稼ぐしかなく、稼げないなら手元にあるお金でなんとか生きていくしかないように思われます。お金がなければないなりに工夫していくしかない**でしょう。

無駄遣いをしないのは基本ですが、何が無駄遣いなのかについて、平成の終わりの頃からその具体例が提言されはじめました。

一つは**「欲しい物を買うな。必要な物を買え」**です。欲しい物を買うのは心のぜいたくといえますが、お金がなくなることを心配している人がやるべきことではありません。

もう一つは**「買おうかなと迷ったら、とりあえず買うのをやめる」**です。一年経っても欲しかったら買えばいいでしょう。迷った挙げ句にエイヤッと買ったものの多くは、なくてもたいして困らないものばかりだったのは、すでに経験しているでしょう。

お金がないことを嘆いたり、お金がなくなることを不安がったりする前に、ないならないなりに工夫するしかありません。

最悪でも、日本にはこの国で生きていく人の生活防衛の最終ラインとして生活保護の制度があります。

それでも生きていけないなら、残念ながら生きるのをあきらめて餓死していくしかないでしょう。

自分が、そのような時代に、そのような国に生まれたという縁としてあきらめるしかないだろう――私はそう思っています。

「心に余裕がない人」に、お金はやってこない

〝貧乏でもないのにゆとりある気分になれず、けちけちして暮らす（くよくよする）性質〟は『新明解国語辞典』の貧乏性の解説です。〝貧乏でもないのに〟の一文がユニークな解説で有名な『新明解』の真骨頂です。

実際は貧乏ではないのに、自分が思っているような貧乏状態になるのが心配で、そのため結果的に貧乏な人が日々の暮らしであくせくするような、けちけちした暮らし方や性質になってしまうのでしょう。

毎日一生懸命働いている人に「お忙しそうですね」と声をかけると、「な〜に、貧乏暇なしってやつでしてね」と謙遜していっていたのは昭和の時代まででしょうか。あるいは「〝稼ぐに追いつく貧乏なし〟って。働いてさえいれば、どうにか貧乏しなくてすみますから」という言葉も聞いた記憶があります（私はいまでも両方使っています）。

同じ貧乏に関する言葉でも、忙しく働いている理由に貧乏を持ち出すのは、まだ心に余裕があるからでしょう。実際は、けちけちしていないから冗談のようにいえるの

です。

令和になって、日本では働いているのに収入が少なく、生活するのがやっとの貧困者の割合は六人に一人（厚生労働省・二〇一八年）で、右の昭和の時代の洒落た言い方がそのまま通用するわけではありません。貧困家庭の割合を少なくするためには、社会的、経済的なシステムを抜本的に変える時期が来ているといわれますが、その方法については私の能力を越えるので踏み込みません。

私が気になるのは、「年金暮らしなので……」と言い訳する人です。年金以外に収入がないという客観的事実をおっしゃっているのはわかります。

しかし、そこに「ゆとりある気分になれず、けちけち（くよくよ）している」生活臭を感じてしまうのです。同じことを単に「これが精一杯です」とおっしゃる方に、貧乏臭さは感じません。

良寛《りょうかん》の歌といわれる「焚《た》くほどは風が持てくる落ち葉かな（囲炉裏《いろり》に火を起こして煮炊きするくらいの落ち葉は風が運んできてくれるから心配はいらない）」が表す「大丈夫。どうにかなるさ」という余裕を心に持っていたいと思います。

なくしたものを嘆いてばかりいないで、いまあるものを大切にする心の余裕があれば、「お金がやってこない」と愚痴をこぼしたり、ひがんだりせずにすみます。

◎「金勘定」に余念がない人へ

コンパクトな作業で、比較的簡単に自分の置かれている現状を把握できる方法に「金勘定」があります。

洋服を何着持っているかや、引き出しのまだ使えるペンの数を調べるのは、時間も労力もかかりますが、金勘定は簡単です。通帳片手に、スマホの出納《すいとう》記録を見て、財布を出して、家計簿をパラパラめくって、いくら増えた、いくら減ったと計算する必要もなく、いま自分がいくら持っているかだけを確認すればいいのです。

簡単に確認できる上に、お金はさまざまなものに等価交換できるので、具体的な使い道がなくても、とりあえずお金の在庫（妙な表現ですが、ほかに適切な表現がありません）があれば、安心していられるでしょう。その安心を得るために金勘定に余念のない人もいるでしょう。

しかし、**手段であり、道具であるお金の在庫確認を頻繁にしていれば、その道具に埋もれてまわりが見えなくなりかねません。あるいは、下を向いて金勘定をしていれば、心の視野も狭くなり、周囲も見えにくくなります。**金勘定はまるで「お金の棚卸」作業のようなものです。

また、お金を使って手に入る物、サービス、食事などの本来の目的達成の喜びも薄まるでしょう。そして、目的を達成したためにお金が減って不安になり、いくら残っているだろうと、また金勘定をはじめます。

一九六〇年代にアメリカで発売されて、日本でも多くの家庭で楽しまれたボードゲームの「人生ゲーム」のリアル版のようなものです。

プレイヤーはいつも手持ちのお金を目の前において、お金の増減に一喜一憂し、家族ができたとか、牧場の跡継ぎになるなどの人生そのものの価値などそっちのけで、最終的な財産を争います。リアル版では、**どんなに財産があっても死ぬときはこの世に置いていかなければなりません。**

私はファイナンシャル・プランナーではないのでよくわかりませんが、金勘定を週一の割合で続けているようでは、瞳の奥に￥マークがいくつも点灯していることになるでしょう。

金勘定に余念がない人には、「自分が歩いているこの道は、いったいどこに向かっているのだろう」と一度動きを止めて、行き着くゴールを想像してみることをおすすめします。

「お金を大切にする」とは、こういうこと

仏教辞典の「執着」の説明は「物事に固執してはなれないこと。忘れずにいつも心に深く思うこと。とらわれ。握りこむ。しがみつく」です。

いつでも、どんなことが起こっても心おだやかな人になるための仏教では、執着は心を乱す煩悩《ぼんのう》の一つです。何かに執着すれば、それは心の乱れと直結してしまうというのです。

お金に限って申し上げれば、お金に固執して離れず、いつも心に深く思い、とらわれ、握って放さず、しがみついて逃がさない人は〝お金に執着している〟〝お金のためにいつも心が乱れている〟といえるでしょう。

お金に執着するようになるには、お金でとても苦労をした経験があったのでしょう。お金がないこと、なくなることを考えただけでもゾッとして居ても立ってもいられなくなるのかもしれません。

自分自身がお金の苦労をした人もいるでしょうし、親から「金がなくては何もできない。金もないのにえらそうなことをいうな」と洗脳された人もいるでしょう。

多くの場合、執着は「ないと困る」「ないと嫌だ」「なければとても不安になる」などの恐怖を元にしていることが多いものです。

他人から好かれようとしている人の中に「嫌われたくないから」という恐怖を土台にしている人がいるのと似ています。

執着によってできた縁の糸も恐怖の糸が織り込まれているので、恐怖の裏返しといえるかもしれません。何かに執着している人は、どんな恐怖の裏返しか考えてみると、執着から離れる足がかりになります。

一方、**いい意味で「お金を大切にする」というのは、お金そのものよりもその周辺や裏側の思いが大きな比重をしめている**という場合でしょう。お金をどんな気持ちで使うのかが「お金に執着する」のと、「お金を大切にする」では大きく異なります。

寄付行為などで集まったお金を、主催者は「いただいたお金は大切に使わせていただきます」といいます。具体的な使い方の裁量は主催者にゆだねられていますが、主催者は、お金よりも、寄付してくれた人、支払ってくれた人の心を大切にしています。**お金を「いただく」という気持ちがあれば、お金を大切にしている**と申し上げていいでしょう。

あなたは「お金をいただく心」を大切にしていますか。

「何気なく」お金を使ってしまっていませんか？

「私たちが後悔するのは、やってしまったことですか、それとも、やらなかったことですか？」と質問されたのは先輩の僧侶。すぐにこう答えたそうです。

「後悔の本質は、やってしまったこととか、やらなかったことにはありません。**後悔の本質は、やったとき、やらなかったときに心の底からそう思ったかどうか**です」

後悔の多い人生を送ってきた私は、その答えを聞いて目からウロコが落ちました。

こうしよう、あるいは、こうするのはやめようと本気で思ったことは後悔しません。仮に意に反した結果になっても「あのときの判断は、あの時点ではしかたがなかった。ほかの選択肢はなかった」と納得できるからです。

後悔に関するこの事実は、心の中でシミのように残っている後悔にも応用可能です。数年、数十年前に「やらなければいいのにやってしまったこと」や「やればよかったのにやらなかったこと」があるなら、当時を思い出して「あの時点では、あのようにするしかなかった。当時は私にはそれを選ぶしかなかった」と、いま、心の底から納得し直すのです。

心の縁の結び直しといってもいいかもしれません。

こうすることで、心の中にあった後悔のシミは薄まって、心も軽くなります。

あらためて申し上げますが、後悔の本質は、行動を起こすときに心の底からそう思っているかどうかです。私流にいえば、行動を起こすときに、「これをやるぞ！」「今回はやめておこう！」ととことん覚悟するということです。その覚悟が足りなければ、後悔の可能性は大きくなります。

日常生活でも心の底から納得せずに〝勢いで〟〝何気なく〟やることは、後悔の火種になります。

やってみなければわからない結婚などは、勢いが必要だと思わないわけではありませんが（誤解のないように申し上げますが、私は結婚したことを後悔していません）、勢いでお酒を飲めば二日酔いに苦しみます。子どもが公園やテーマパークでうれしさのあまり勢いで走れば転んで痛い目にあいます。

たいした考えもなく何気なくすることにも後悔の種がひそんでいます。何気なく道路に落ちている小石を蹴って人に当たることもあります。

だから、**何気なくお金を使うといつの間にか財布はカラになります。あなたはお金を何気なく使っていませんか。**

「あの人は、お金の使い方を知らないね」

仏教では、**「すべてのつくられたものは膨大な条件（縁）が集まったもので、条件は次々に変化するので結果も変化してしまい固有の実体はない」**と説きます。

人の価値観も環境や知識などによってつくられるものなので、この法則から外れることはありません。

こうした価値観の中に、善と悪があります。仏教の場合は、心おだやかな状態になることが目標なので、その目標に合う心がおだやかになるものを善、心を乱すものを悪とします。そして、**善悪の判断は時間が経過しないとわからない**とします。

他人の役に立つことで自分の心がおだやかになれば、自分のやったことは善ですが、あとになって相手の自立を阻害したとわかれば心が乱れるので、役に立つと思ってやったことは悪になります。

逆に、後悔するのがわかっているのにカッとなって乱暴な言動をしてしまったにもかかわらず、それを反省してすぐにカッとしないようになり心おだやかな日々を送れるようになれば、カッとしてしまったことも善になります。

つまり善悪は、あくまで暫定的な結論で、いつまた引っくり返るかわからないのです。まるで反証可能性を土台にした科学のようなものです。

私は僧侶なので、多くの判定は暫定的でしかないと考えるクセがあります。それを土台にすると「お金の無駄遣い」についても、たとえ無駄遣いをしてしまっても、あとになって無駄遣いではなくなる可能性があるということです。

しかし、現実的にはそうはいきません。裕福な年配のご婦人が友達二十人ほどに、二〜三〇〇〇円程度のアクセサリーをプレゼントしたことがありました。「奥さまにどうぞ」と私も頂戴しました。

家内には地味だったので、事情を説明して別のご婦人にもらっていただこうとすると、「あの人はあいかわらず、お金の使い方を知らないね」といわれて驚いたことがあります。

生きたお金の使い方がどんなものか、何に使えば無駄遣い、死に金になるのかは、私には、いまだによくわかりませんが、お金や物で人の気を引こうとする意図が周囲にわかってしまうなら、せっかく使ったお金も無駄遣いであり、死に金でしょう。

生きたお金の使い方を模索しつつ、その時点での「無駄遣い」をしないようにしたいものです。

自己投資、してしますか？

いまでは当たり前に使われるようになった「人材」や「自己投資」という言葉ですが、それが好きになれないのは、私が昭和感覚のままで、〝いま〟を生きていないからかもしれません。

そこで、人材や自己投資という表現に目くじらを立てるようなことはせず、素材、材料として人材も単なる交換可能な歯車ではなく、なくてはならないという意味だと納得して、新しい時代感覚を追いかけようと思うようになりました。

自己投資という言葉についても、心を磨くために時間と労力を費やすくらいに思っていました。

しかし、ネットでサイトを確認すると、私とはかけはなれた明確な解釈が並んでいて唖然としました。

そこには「将来リターンを得ることを目的として、自分に対して資産（時間やお金）を支出すること」で、回収できなければ投資の意味はなく、リターンが明確なほど投資効率がよいと記されているのです。

どんなことでも、人生でやったことはすべて自己投資になり得ると私はいまでも思っていますが、効率の面からいえば右の解釈のほうが理にかなっているでしょう。

自己投資は年代によって投資対象が異なります。二十代は自己投資にかけられる時間と体力があり、身につけたスキルを長い間使えるメリットがありますが、三十代や四十代がそれをやっても効率は悪くなります。

たとえば、時間や労力やお金を、人脈を広げ維持するのに使うのは三十代でやることであって、二十代でやることではないとなります。若いときにやりたくてもできなかったことに挑戦するのも、一生モノの名品を手に入れるのと同様に、精神的、経済的な基礎体力がついた三十代以降の課題でしょう。

自己投資についてネットで検索してショックだったのは、五十代以降の自己投資については不動産やお金の投資しか出てこないこと、六十代以降については情報がないことでした。

あたかも、六十歳以降は将来リターンを期待できることはもう何もありませんといわれているような気がして、六十三歳の私は五秒間ほどうなだれました。

きっと、**いままで自己投資してきた「リターン」を存分に楽しめばいい**ということなのでしょう。

ギャンブル依存症のこわさ

「人生はギャンブルのようなもの」という人がいます。さまざまな情報をもとにして、自分の思い描く理想の状態になるように、手段や方法を選択するという意味では、その時々の選択は賭けのようなものかもしれません。

しかし、パチンコや公営競技にのめりこむ言い訳として「そもそも、人生そのものがギャンブルみたいなものさ」というようになると、良い縁が瓦解《がかい》していきます。

日本ではギャンブル依存症の人が約七十万人いるといわれます（二〇一六年、厚生労働省）。依存症は、特定の物質や行為に心を奪われて、徐々に脳の回路が変化して、自分ではやめられなくなってしまう病気のこと。アルコールや薬物など「物質への依存」と、ギャンブルなど「プロセスへの依存」があるといわれます。問題なのは、依存症になっても、本人にその自覚がないので隠れてするようになり、気づいたときには深みにはまっているということです。

二〇一七年には、一般財団法人ギャンブル依存症予防回復支援センターが設立されるほど、問題は深刻です（支援センターのホームページには、症状や治療法だけでなく、専門家が相談にのってくれるサポートコールなどが紹介されています）。

ホームページでは症状の説明からどんな問題が生じるかが順に紹介されていますが、具体的な問題からさかのぼったほうが、役に立ちそうです。

ギャンブルにはまると、ギャンブル関連の嘘をいうようになり、大切な人間関係崩壊の危機にさらされ、ギャンブルを原因とした借金をするようになって、人生設計が大きく崩れていきます。

どうしてそうなるかといえば、ギャンブルに関することが頭から離れず、上手に加減ができなくなってしまうからです。

こうした状態になるには、ギャンブルをする目的が「負けを取り戻す（負け追い）」「より強い興奮を味わう」「イライラ・ゆううつ感を解消する」「賭けていると落ち着く」という動機がもとになっているといわれます。

これらの動機は本来の「賭けることを楽しむ」という動機のすり替えであると、鋭い指摘もしてくれています。お酒を楽しむという動機が、別のものにすり替わってお酒を飲むようになったら、依存症の兆しかもしれません。

「人生はギャンブルのようなもの」といいたくなったら、その土台として「人生を楽しむ」ということを忘れないようにしたいものです。

「分相応」の暮らしは、いい人生をつくる

英語で「分相応の生活をする」は“live within one's means”（収入に見合った生活をする）、“according to one's cloth”（着ているものに見合った）と出てきます。収入や着ている服などの具体的な用例でわかりやすいですね。一方、『大辞林』では分相応を「その人の能力や地位にふさわしいこと」と説明されています。

こうした解説の中で、分相応を心がけるのに役立つのは『新明解国語辞典』の**「言語・支出・生活・待遇などが、その人の身分・地位・能力などにふさわしい様子」**という説明でしょう。

身分ひとつとっても（私なら、六十歳を過ぎた僧侶として）、それにふさわしい話し方をしているか、支出をしているか、生活をしているか、待遇をされているかというチェック項目を満たす「分相応」があるということです。

地位についても、その地位にふさわしい言葉使いをしているか、支出をしているか、生活をしているか、待遇をされているかが「分相応」の尺度になります。

能力について自己分析するのは難しいですが、自分が持っている能力が認められて

いれば、コーチ、インストラクター、先生など、なんらかの肩書があるでしょうから、能力も地位のカテゴリーに含めていいかもしれません。

これらに当てはまる、**分相応な生き方や暮らし方をしていれば、自分とつながっているさまざまな縁に無理なテンション（張力）がかかることなく、快適な人生を送れるでしょう。**

分相応＝快適なのです。

ちなみに英語で「快適」を調べると、comfortable（くつろげて、心地よい）、pleasant（楽しい）、fine（いい）の三つがありましたが、日本人の感覚はcomfortableでしょう。

分相応を超えれば、ピザの生地を伸ばしすぎたように縁も自分の心もちぎれていきます。せっかく高級車を運転しているのにあおり運転をする下品な人、いい服に着られている人といってしまうと差別的でしょうか。

逆に縮こまれば、ピザ生地にはしわができます。貧乏でもないのに余裕のある気持ちになれずにいつもあくせくしている貧乏性の人などがこれに当たるかもしれません。

分相応でcomfortableな暮らしをしている人をまわりで見つけて、見習ってみませんか。

お金にきれいな人、汚い人

亡き人を送るためのよりよい方法を考えたいと、僧侶と葬儀社の人が懇談会を持ったことがあります。

僧侶は悪徳ともいえる葬儀社に関わることもあり、葬儀社も傲慢極まりない、およそ宗教者といえない僧侶を相手にすることもあります。

へたをすれば悪口の言い合いに終始することも想定されましたが、その場に集まったのは、少なくとも良識のある人たちでしたから、互いの業界（？）の悪口はいわない暗黙の了解がありました。

それでも、葬儀社の人が申し訳なさそうに「お金の話で恐縮なんですが、私たちも仕事としてやっていますし、従業員やその家族もいますので、儲けを出さないとやっていけません」とおっしゃいました。

そこにいた五人ほどの僧侶は「そんなことを気にしなくてもけっこうですよ」という意味でニッコリ笑いました。そして座長の僧侶がいいました。

「どうぞ、お気になさらずに。遠慮なく、儲けるところで儲けて、よい葬儀をしていただければそれでいいと思います。仕事は慈善事業でやっているわけではないでしょう。お金の話をなさっても、『葬儀社はお金に汚い』なんて少しも思いませんから、ご安心ください」

世の中には、善意や良心、誠意などそっちのけでお金のことばかり考えている、俗にいう**〝お金に汚い人〟がいますが、汚いお金というのはない**でしょう。

すでにお伝えしたように「月ゆがむにあらず　波さわぐなり」で、お金自体に善悪はありません。それを扱う人の心に波が立っていると、お金だけが価値基準になったり、人を動かす姑息な手段になったりしてしまうのです。

その波もさざ波程度ならいいでしょうが、荒波になれば、もともと善悪のないお金が醜くゆがみ、人をだましてまで手に入れ、あるいは人を傷つけたりしてまで手に入れるものに姿を変えて心の水面に映ります。

そうなれば、そう遠くないうちに自分自身もその荒波に飲まれ、心は藻屑《もくず》のようになり、文字どおり〝人としてクズ〟と蔑《さげす》まれることになるでしょう。

お金は良い縁も、邪悪な縁も簡単につくることができる素材です。気持ちよくいただいて、きれいに、上手に使っていきたいものです。

◎お金は「いただく」という感覚が大事

自分が働いたり、作業したりして対価として得るお金を、「もらう」といわずに、「いただく」と表現する人がいます。

商売をやっている人なら、もっと丁寧に「頂戴する」というでしょう。さまざまな縁で受け取ることになったにせよ、受け取るのが自分でない可能性もあるにもかかわらず、巡り巡って自分のところにやってきたことに感謝する感覚があるからです。「頂戴」の頂も戴も「いただく」と読みます。基本は、頭（頂）の上に載せるほど、頭上に高く持ち上げるほど大切に扱うものをもらうというニュアンスがあります。ですから、「お金を頂戴する（いただく）」は、大切なものをいただいてありがたいという感謝の念が土台になっています。

このような**感謝の心を持つ人にお金を渡す場合、「お金を取られた」ではなく、お金を渡して感謝されたと感じますから、人間関係もスムーズにいくようになります。**

一般の方の中に、僧侶に渡したお布施《ふせ》を「お金を取られた」とおっしゃる方がいます。多くの場合、住職との人間関係が悪い場合ですが、私は商人ではないのでお布施を手渡されたとき、「頂戴します」とはいいません。「お預かりします」といいます。お布施は私の労働の対価ではなく、（住職の生活を含めた）お寺の維持や運営、布教のためにお預かりしているという感覚が強いのです。預かったお金はほかに還元することになるので、私がもらうわけではなく、預かっているのです。

まるで〝命〟のようなものです。命の大切さに気づいている人にとって、命はもらいものではなく、授かりもの、いただきものです。信心深い人の中には預かりものと表現する人もいるほどです。

そのように考えれば、自分の命は自分だけのために使うのではなく、多くの人との縁を結び、互いに影響し合うために使われていきます。

給料や代金を手渡しで受け取っていた時代、もらうほうは頭を下げていました。感謝の心があるのです。その気持ちを大切にして「（お金を）いただく」と言い続けたいものです。

お金の価値をバカにしている人がいたら、お金の大切さを教えてあげるといいでしょう。

私は「誰でもいいから、隣の人に『お金、頂戴』といってごらん。誰もくれないから。それほどお金は大切なんだよ」といったことが三度あります。

お金と「コツコツ、地道に」良い縁を結ぶ

ついに郵便局でも小銭の預け入れに手数料がかかることになりました。硬貨の種類にかかわらず窓口では五十枚まではは手数料がかかりませんが、ＡＴＭでは一枚から手数料がかかります。硬貨での買い物が多い商店や、お賽銭のあがるお寺や神社関係者は戸惑いますが、これもキャッシュレス化、効率化という時代の流れですからしかたありません。

「塵も積もれば山となる」の格言を庶民がもっとも身近に実感できる小銭貯金はあまり意味がなくなり、五〇〇円玉で三十万円貯まる貯金缶や瀬戸物でできた豚や干支の貯金箱は無用の長物となり、十年後には博物館に飾られる運命かもしれません。

考えてみれば、日本の年金制度も健康保険制度も、いざというときの助けになるための、ある意味で小銭貯金のようにコツコツと地道に貯めていくものでしょう。

時代に合わせて年金としてもらえる額や医療費用の自己負担の割合は変化しますが、一度にまとまった金額を貯めることもできず、支払うこともできない人にとっては、有益な制度といえるでしょう。

これらの国の制度の問題点については国会などで議論され、妥協点が私たちに適用されるでしょう。この時代に、この国に生まれた者としてその枠の中で生きるしかないと、私は覚悟しています。

ほかにも、金融機関では個人で積み立てる年金や、積み立て預金の制度もあります。利息は微々たるものですが、小銭貯金の拡大版と考えれば、欲しい物を手に入れるためには大切な補助的縁になり得ます。

なんとなく、坊主ではなくファイナンシャル・プランナーになったような気になってきましたが、申し上げたいのは**コツコツ地道にお金を貯めることが、心おだやかに暮らすための一つの足場になる**ということです。

そんな中でも、私がはじめて目にしたとき、思わずニヤリとした格言があります。

「銭金を使い捨てるはタワケ者、食わずにためる人もバカ者」

衝動買いした物を使いもしないまま数年後に捨てたりすれば、銭金を使い捨てるタワケ者です。心豊かな暮らしのためにお金を使わず、ただお金という道具（手段）ばかり貯めるのがバカ者です。

私は四十代までにタワケ者とバカ者の双方を経験したおかげで、お金とのつき合い方を少し学べた気がします。

大金を手にしたばかりに不幸になる人

都市部のお寺はお金持ちという偽のデータが出回っているのでしょうか。私が住職をしている寺にも証券会社や金融機関からの営業の電話がかかってきます。

「必ずとは申し上げられませんが、利益を出す可能性が高い商品をご紹介したくて」という言葉に「投資などで、お金を増やしたいと思いません」と答えます。そこで「でも、お金はあったほうがいいじゃないですか」という言葉が出れば、しめたものです。

「いや、お金ゆえに不幸になった人をたくさん知っているから、お金はあったほうがいいなんて思わないですよ」。ここで、営業マンはマニュアルにない想定外の言葉に息を飲みます。

ここで、私の決めゼリフです。「だいたい、あなたの親が亡くなったとき、投資をしていたり、お金儲けしようと思ったり、朝から新聞の株価とか金の相場をチェックしたりするような坊主に拝んでもらいたいと思う？　思わないでしょ？　私をそんな坊主にしないでくださいよ」――。

こんな対応ができるようになったのは、数々の営業の電話のおかげです。この場を借りてお礼申し上げます。

実際、大金を手にした人で人望があるような立派な人を私は知りません。私が知っている人で大金を手にしたのは三人ほどですが、ほとんどが有頂天になり、お金持ちになったことでとたんに著名人か、一流有名人の仲間入りをしたように勘違いして、失笑を買うものです。〝ヤドカリの大きさは貝の大きさではない〟ことを勉強してこなかったのかもしれません。あるいはお金持ちがうらやましくてしかたがなかったのかもしれません。上品な高級車に乗りながら、平気で駐車禁止の場所に車を停め、無謀運転をするなど、上品とは反対の下品な人もいます。

自分が汗水流して貯めたお金でもない親の遺産に蟻のように群がりむさぼった挙げ句に、恨み、憎み合う家族もいます。〝奪い合えば足りず、分け合えば余る〟という名言を知らないのかもしれません。そんな姿を見ると、親はなんのために財産を残したのだろうと、とても残念に思います（こんなことは書きたくありませんが、こうした遺産ぶんどり合戦は、相続権のない配偶者が陰で糸を引いていることが少なくありません。そのような夫婦に平穏な生活は望めないでしょう）。

お金との関わりは、なるべく「欲」から切り離しておいたほうが幸せになれます。

「借金をしない」という合理的な生き方

借りたものは、利息をつけようがつけまいが、返さなくてはいけません。返さなくていいのは「もらった」ときくらいです。

しかし、もらったものでも「～してもらった」場合には、義理人情の厚い人は「恩返し」という感覚を持っていて、それはそれで豊かな社会の潤滑油になります。いわば、プラスマイナスをゼロにしてバランスを取ろうとする考え方でしょう。

主君にいろいろしてもらった赤穂浪士が行なった報復、仕返しなどもプラスとマイナスをゼロにする一つの行動といえます。

こうした貸し借りの中で、返済するものが客観視できるのがお金でしょう。

分割での返済計画を立てた上での買い物をするのも、一般的になってきました。家や乗用車など、一度に数百万円から数千万円の買い物ができるだけの資産があれば別ですが、多くの場合はローンを組んで、利息を払いながら少しずつ払っていくのは止むを得ないと思います。

幸いにも私は、分割で物を買ったことがありません。ネットで買い物をしても代引が原則です。後払いや分割で借りをつくっている状態がイヤなのです。

負けるのがイヤなので最初から勝負そのものをしない私の生き方と同様に、借りたら全額返すまで気が気でないので最初から借りないということです。**お金を借りてまで欲しいものを手に入れるのではなく、一括で払えるようになってから買うのです。**ある意味で合理的な生き方でしょう。

ここまでは借りる側のことですが、貸す側について大正から昭和にかけて活躍した小説家の内田百閒《ひゃっけん》は紀行文『第一阿房列車』（新潮社）の中で、借金についてとても合理的なエピソードを紹介しています。借金上手だった百閒が友達からお金を借りようとすると次のように断られます。

「だれが君に貸すものか。放蕩したというではなし、月給が少なくて生活費がかさんだというのでは、そんな金を借りたって返せる見込みは初めから有りゃせん」

同じお金を借りるのにも、ギャンブルや好きな人に入れあげた穴埋めならまだ性質《たち》がいいほうで、地道な生活をしているのに、家賃や食費が足りなくてする借金は、返せるあてがないのだから一番いけないというのです。

これも一つの考え方です。**負い目を抱えないために「借金しない」。そんな合理的な生き方ができたらいいですね。**

親、介護、財産、相続……について

私は税理士でも弁護士でもありませんが、親の財産の相続は介護の時間が増えるにしたがって、ギクシャクする傾向がある気がします。

子どもたちが互いに信頼感や感謝する心で結ばれていれば問題ありません。しかし、施設との交渉や面会、介護保険の申請、親の貯金の管理などをほかのきょうだいに任せっぱなしにしていると、相続財産ばかりが気になるようになります。

親の気晴らしに一泊旅行や外食に一緒に行くことがあります。もちろん貯金管理の面から、宿泊代や食事代の領収書を保管します。

ところが、親が亡くなったあとに、「この旅費や食事の経費に一緒に行った人間の分を含ませるのはおかしい」とクレームをつけるきょうだいがいます。

信頼関係がないので領収書すべてに親の介護とは関係ない個人的出費があると疑いたくなるらしいのです。個人的支出は生前贈与分として、相続財産から引くべきだという主張です。

主婦が行なっている家事や家族のことに関するもろもろの雑務を、それぞれの担当代行業者にやってもらうと月額四十万円という試算がありますが、それと同様に、介護に関わる時間、労力をお金に変換する法律があるとクレーマーは引き下がるしかないかもしれません。

もちろん、右の状況は私が一方の愚痴を聞いただけなので〝偏言極め難し〟で、鵜呑みにはできませんが、いずれにしろ、親が生きていたら悲しい顔をするでしょう。

私たちは、赤ちゃんのときに乳離れを、思春期に親離れをして自立した人生を歩みはじめます。子どもが社会人になれば親のほうが子離れをしなければなりません。**家庭は精神的、経済的自立の養成所、訓練所でもあります。**

それがうまくできないと、経済的にも親に甘えがちになるでしょう。私は旅行や食事に家族と出かければ、費用を負担します。それでどうにか父親としてのメンツが保てます。

「自分の分は払うよ」といわれたこともありますが、「何が悲しくて、家族なのに割り勘にするんだ。私はまだそこまで不幸でもないし、落ちぶれてもいない」と笑顔ではねのけます。

いまのところ、家内や子どもたちは「払わせてやるのが父のため」と思ってくれている、いわば、ウィン・ウィンの関係です。

お金について夫婦で〝楽しく〟話し合う

日本でもっとも名前が唱えられている仏さまは、なんまんだぶ、南無アミダブの阿《あ》弥《み》陀《だ》如来《にょらい》でしょう。

この仏は如来になる前、菩薩《ぼさつ》だったときに四十八の願を立てます。

その中に「悟りを開いて極楽浄土の教主になったら、またこの世へ戻ってきて人びとを救います」という〝還相《げんそう》回向《えこう》願《がん》〟があります。悟りの世界へ行っても、また戻ってくるというのです。

これに類して私が心がけていることがあります。心が雨に降りこめられるような状態になったときに、「やまない雨はない」「雨の日でも雲の上には明るい太陽が輝いている」の言葉を思い出して我慢する人がいます。

しかし、そのままでは、悟りの世界に行きっぱなしのようなもので、問題は解決されません。問題は、いま、雨が降っているということなのです。

対応策の一つは、現状をそのまま受け入れることです。理想の世界へ逃げ出すだけでは、問題は解決しません。傘をさして歩く、濡れるのを覚悟して前に進むなどが、現実に即した対応策です。

これは、愛という縁で結ばれた夫婦にもいえることでしょう。実際に生活するためにお金は必要ですが、お金と愛はいかにも不釣り合いです。

だからといって、お金の話をタブーにしていると、住居費、食費、光熱費など共用のお金は誰が払うのかで、不信という小さい火が燃えはじめることもあります。

やがて、火種は燎原《りょうげん》の火となり、愛の炎は互いを黒焦げにしてしまうこともあるでしょう。

離婚時の財産分割や慰謝料などの互いの縁を、お金で決着をつける争いごとはめずらしいことではありません。

ですから、**夫婦の間でも、お金に関する価値観や使い方などは話し合っておいたほうがいいと思うのです。お金について互いに相手の価値観を納得した上で、現実の生活に戻って仲よく生きていく。そのほうがお金とよりよい縁を結べると思います。**

「私のお金は私のお金、あなたのお金も私のお金」「あなた好き、あなたの財産もっと好き」は昭和の時代の名言ですが、少なくとも先人たちは、ユーモアのある幅広い価値観でみごとに対応してきました。

夫婦で楽しくお金について話しておいてはいかがでしょう。もちろん、くれぐれも〝楽しく〟ですよ。

「信用はお金で買えないよ」

人に物をあげるのは、それが自分の自己満足なのか、相手のためになるのか難しいところです。品物や食べ物ならばまだしも、それがお金になればなおさらです。

時代劇などでは、賄賂《わいろ》としてお菓子の下に小判を隠した贈答品がたびたび登場しますし、公的な利害関係にある者同士の物品や金銭の授受は違法です。

それほど、お金は人を動かす力があるということでしょうし、お金で動く（動きを変える）人もいるということでしょう。

「不幸はナイフのようなものだ。ナイフの刃をつかむと手を切るが、把手《とって》をつかめば役に立つ」は私の好きな言葉ですが、お金にも同じことがいえるでしょう。

お金はナイフのようなもので、把手をつかめば役に立つが、刃をつかむとケガをするということです。その意味では、ナイフというお金の使い方を知らない子どもに意味なく大金は与えないほうがいいでしょう。刃をつかむ可能性が大きいからです。

別項でも紹介した「金持ちがその富をどう使うかがわかるまで、彼をほめてはいけない」の格言は、ナイフのようなお金の使い方を知らない人への忠告にもなります。

　私は三人きょうだいの末っ子ですが、わが家では高校の三年間にありがたいシステムがありました。

　勉強と部活動に打ち込めという理由でアルバイトは禁止だったのですが、そんな私たちに父は正月になると「二万円のボーナスクーポン（翌年への繰り越し不可）」を配布したのです。二万円を一度にもらっても、小分けにもらっても自由です。父なりの子どもたちの金銭感覚トレーニングだったのかもしれません（姉と私は小分けにもらう派、兄は一度に全額もらう派でした）。

　この臨時収入を私たち三人は、心のぜいたくのために小物やマンガ、玩具に使い（一般的には浪費し）ました。この場合の「心のぜいたく」とは、学費や授業料、学用品や参考書など必要なものではなく、大人なら首をかしげたくなるようなものを買って喜ぶことを意味します。

　私は大人になってから甥や姪にお小遣いを渡すときに「このお金は無駄に使うんだぞ。無駄っていうのは心のぜいたくのことだ」と一言つけ加えていました。

　世の親たちは「何かを与えることが大切なのではない。相手が持っているものに気づかせることが重要なのだ」という格言を心に刻んで、「人として大切な信用はお金では買えないよ」と、ときどきアドバイスしながら子育てできたらいいですね。

「長く使えるもの」を手に入れよう

昔、インドに、四人の奥さんを持つ商人がいました。あるとき、その商人は遠くに出かけることになります。もう帰ってこられないような遠い所です。

商人はいつでもそばにいてかわいがっている奥さんに「一緒に行ってくれないか」と頼みました。すると、「一緒には行きません」とあっさり断られてしまいます。

二番目に頼んだ奥さんは人と争って勝ち取った美人でした。彼女の答えは「私は自分からあなたのそばにいたいと頼んだわけでもありませんから、一緒に行く義理はありません」と、これもそっけない返事。

続いて頼んだのは、ときどき会ってほっとする三番目の奥さん。彼女はやんわりと「町はずれまではお供いたしましょう」といいました。

最後に頼みに行ったのは、働き者で、いることさえ忘れてしまうような奥さん。彼女は「あなたが行くなら、どこまでもご一緒します」といってくれました。

この話で、遠い所へ行くというのは〝死〟の比喩です。

第一のいつもそばにいてかわいがっている奥さんは私たちの体のことです。死ねば体は置いていかなければなりませんから「あなたとは行きません」と答えます。

人から奪った美人の第二の奥さんは財産のこと。財産もあの世へ持っていけません。

町はずれまでは一緒に行ってくれる、ときどき会ってほっとする三番目の奥さんは家族や親戚、友人のことです。埋葬までは立ち会ってくれる人たちのこと。

最後の、働きもので、いることさえ忘れてしまうけれど、どこまでもついて来てくれる奥さんは、私たちの〝心〟です。

これは『雑阿含経《ぞうあごんきょう》』の中に出てくる、一夫多妻が当たり前だった時代と国での説話だそうですが、示唆に富んでいると思います。

ここでお伝えしたいのは、四番目の心ではなく、二番目の財産のうち、長く使えるもののことです。

私は二十四歳のとき、ミュージシャンの店員さんがいる楽器店で、「このギターなら、子どもや孫の代まで使えますよ」といわれて心が動き、マーチン社製の中古のギターを買いました。死んでこの世に置いていくものでも、「子ども、孫の代まで」というコロシ文句は、若かった私にとってインパクト充分でした。

同じ買うなら、長く使えるものを買いましょう。それがお金を大切にすること、お金に好かれることにつながります。

5章

こんなことも「ご縁」で考えると好転する

私たちが「生まれ持っている縁」に気づく

仏教には、「すべてはそのまま真実で、すばらしい」（諸法実相《しょほうじっそう》）という世界観があります。否定できない真実には嘘や偽りがないので、それもまたすばらしいと考えるのです。私もそうしたあり方はすばらしいと思います。

私たちが山や川、空や海などの大自然や道端の草木や小さな虫などの自然に心惹かれるのは、そこに嘘や偽りがないからでしょう。同時に、私たちが生まれ、成長して年を取り、病気になり、死んでいくというプロセスにも嘘や偽りはありません。

ここから、**「私たちは誰でも嘘や偽りのない自然に囲まれて、嘘や偽りのないすばらしい人生を生きているのだから、小さなことなど気にするな」**という前向きな教えが登場することになります。

二十代になっても〝中二病〟シンドロームだった私は、「すべてが真実ですばらしいのなら、悪いことをするのも真実だろう。仏教は犯罪者のことさえ、それはそれですばらしいと肯定するのか」と半分怒ったように仏教の世界観に反感を持っていました。葉を見て木を見ず、木を見て森を見ていなかったのです。

しかし、仏教では悪いことをするのもすばらしいという展開にはなりません。自分を取りまく自然も、そして自分の人生もすばらしいのだから、悪いことなどしなくていいと展開していくのです。

悪いことをしてしまうのは、もともと世界がすばらしいことに気づいていないからです。悪いことをしなくても、私たちは充分前向きに生きていけるだけの環境の中にすでにいると考えます。

しかし、それがわからないで多くの物や事に執着して、マイナスやネガティブな感情、ひいては邪悪な心が頭をもたげます。嘘や偽りがない世界で生きているという縁を活かさず、自分の欲や都合をもとに別のものと縁を結んで苦しんでしまうのです。「どうしても○○したい」「ぜったいに○○すべき」という欲や都合をもとにした縁はテンション（張力）が強いので、放っておくと縁に引っぱられて心がズタズタにちぎられることもあります。

まるで、たくさんの鳥の棲家をつくった木が枯れてしまうようなもの、たくさんの重りをつけた象が沼に入って抜け出せなくなったようなものです。

生まれながらに持っている縁を見直して、つまらない縁に引っぱられて心身が引きちぎられないようにしたいものです。

「縁を切る」のが最善策であることもある

ある老僧が雨上がりに弟子二人をお伴に出かけました。歩いていると大きな水溜まりがあり、その手前でこぎれいな着物を着た若い女性が立って思案にくれています。老僧は彼女に近づくと「お困りのようですな。私がおぶって向こう側へ運んで差し上げましょう」と彼女をおんぶして、草履《ぞうり》が濡れるのもかまわずに水溜まりを渡りきり彼女をおろしました。彼女は丁寧にお辞儀をすると先を急ぎました。

この様子を見ていた二人の弟子は、顔を見合わせると、あわてて自分たちも水溜まりをジャブジャブと渡り、老僧のあとを追います。

しばらく行くと、後ろを歩く二人の気まずそうな気配を察した老僧は「なんだ。何か気になることでもあるのか」と訊きます。

すると弟子の一人が、「先程、お師僧さまは女性を背中におんぶされましたが、出家の身としてあのような振る舞いはいかがなことかと存じまして……」といいます。

すると老僧は「なんだ、おまえたちはまだあの娘を背負っておったのか。わしはとっくにおろしたぞ」と笑いました。私の大好きな話です。

ある年配のご婦人は、何かをはじめたら途中であきらめないことを信条にしていました。東日本大震災のあと、放射能から子どもたちを守るための活動をはじめ、デモにも熱心に参加していました。しかし、高齢のために猛暑の中のデモ行進で倒れ、ドクターストップがかかりました。

子どもたちを守る活動との縁を断ち切らなければならなくなった彼女は、自分の不甲斐なさを訴えました。

私は「自分でできることはやった、あとはほかの人に任せようと考えられたらいいですね」と申し上げました。

しかし、彼女はやるべきことを途中で放棄した負い目を、亡くなるまで背負い続けていた気がします。

縁は自分と何かを結びつける関係性のことです。その縁とつながり続けたのが右の二人の弟子であり、子どものための社会運動、環境運動に邁進《まいしん》したご婦人です。

しかし、悶々とし続けるなら、勇気を出してその縁を切るのが最善の策の場合も少なくありません。

「縁をつなげ続ける」ことにこだわらず、新たに「縁を切る」という縁を加えると考えれば、縁を切る罪悪感は大幅に減少するものです。

「環境」を変えると「縁」は変わる

読経《どきょう》や写経などで人気がある二七〇文字ほどの『般若心経』で説かれる内容の基礎は、すべての結果は縁によって導き出されるという「縁起《えんぎ》の法則」です。

その基礎の上に、時間の経過という縁も含めて、休むことなくさまざまな縁が集まり加わり結果も次々に変わっていってしまうという「諸行無常《しょぎょうむじょう》」（行は、つくられたものの意）の教えが組み上げられていきます。

そして、どんな結果も次の縁が加わるまでの暫定的なものでしかなく、「これはいつでも、どこでも、誰に聞いても、こういうものだ」という固定化された不変の実体はないという「空《くう》」の大宮殿が姿を現します。

この空の立場から、『般若心経』は、不変の実体がないのだから、「これはこういうもの」「これはこうあるべき」などのこだわりからはなれたほうが、心はおだやかでいられると説き進めます。自分がこだわっていることにも、不変の実体はないからです。

こだわるというのは、その場所から動かないという意味です。しかし、縁起や諸行無常という大原則によって、こだわりの場所にいても、周囲は変わっていきます。周囲が変化していくのに、その場所から動かなければ心はおだやかではいられません。

私たちが目や耳にする「こだわりの〜」と銘打ったデザインやスイーツやラーメンも、時間の経過という縁に伴う人の嗜好や社会状況の変化という縁によって、数か月から数年しか人びとは興味を示さず、次の「こだわりの〜」を求めて移動してしまいます（こだわりたい人は、心おだやかでいられなくなるのを覚悟すればいいでしょう）。

言い換えれば、**一つの目標を持って（このこだわりは許されます。仏教でいえば「悟りを求める」というこだわりをしばらくは捨ててはならないとします）、周囲の環境の変化に柔軟に対応していけば、結果も次々に変わるのです。その結果がまた一つの縁になって次の結果を導きます。**

職場の中でなかなか男女の出会いに恵まれない人が「売り場を変えたらどう？」と転職をアドバイスされるのも、これと同じ理由です。動くという縁をつくると結果が変わるのです。

船の舵は推進力がないとききません。自ら環境を変えるという推進力があれば、結果はどうあれ人生の舵取りがしやすくなるものです。

自分を苦しめる人と別れられない人へ

家族や伴侶、同僚など、簡単に離れることができない人に苦労させられるだけでなく、苦しめられ続ける人がいます。

身勝手な親や、家名を傷つけることをいとわない子ども、借金を繰り返し、あるいは不倫をやめない伴侶、自分の欲のために平気で他人を犠牲にする同僚などです。

そのような人たちは、自分の利益を最優先にするあまり、ほかの人が苦しんでいることに気づかないか、あるいは自分の利益をかなえるために他人が犠牲になることを是とする奇怪な理論武装や言い訳を用意しています。

こうした人たちとも最初は縁があって関係性をスタートしているのですが、さまざまな経験をするうちに、人に対する思いやりが自分にしか向かなくなっていってしまうのでしょう。

同じ経験をしても他者に対する思いやりや自制心をなくさずに、成長させていく人もいるのに、残念なことです。

そばにいる良識ある人が忠告したり、アドバイスしたりしても、我欲は暴走する馬のようにくい止めることは難しいでしょう。本人がそのまま行けば自分がどうなるかを想像して、このままではとんでもないことになると気づくしかないかもしれません（たとえ気づいても、いまさらあと戻りはできないと開き直る人は少なくありません）。

自分を苦しめる人からは離れるのに越したことはありません。しばらくして振り返って、苦しめられたのも自分の心の財産になったと考えられるかもしれませんが、それは結果論で、やはり、渦中にいる間に別の伏線に移動する準備はしておいたほうがいいでしょう。

自分を苦しめる人といまは一緒にいなければならなくても、その区切り、タイムリミットを設けるのです。いわば、いまある縁は切ってどこかの棒に縛りつけて、自分は別の縁に乗り換えるということです。

現在の状態に「縁を切る」という縁を加えると申し上げてもいいでしょう。本来であれば仲よく過ごしたいという理想はあるでしょうが、その理想は置き去りにして前に進むのです。もたもたしているほど人生は長くありません。

縁を切ったり、別の縁をつくったりすることで、自分を苦しめる人との関係が変化します。苦しみ続けるより、その変化に対応して生きていくほうが前向きな人生を送れます。

「自己犠牲」とは？ 「利他」とは？

お寺は個人商店のようなもので、いつ来るかわからない来訪者を迎えるために、つねに誰か待機しているのが一般的です。

おまけにお寺は年中無休で休業日がありません。私は寺の住職の子どもとして生まれ、寺で育ちましたが、家族のほかに寺の仕事の手伝いをしてくれる人がいたので、現在住職をしている寺に入るまで、寺に時間を束縛されているという感覚はありませんでした。

しかし、二十五歳で結婚して一二〇年間住職がいない寺に入ってから、寺にクサリでつながれているように感じるようになりました。本来自由にあるべき僧侶が、一か所にとどまるということは、困っている人がいても救いに行けないということです。

しかし、守るものができれば、時間や場所に制限がかかる（自由ではいられない）ことがセットになっていると三十代で納得しました。

ちょうどその頃、本堂の雨樋で草が小さな花を咲かせているのを目にした私は、大切なことに気づきました。私が思っていたクサリは、与えられた場所に根を張ることと同じなのです。クサリには花は咲きませんが、根を張っている草なら花だって咲かせることができるのです。**同じ状態を、クサリにつながれていると考えるか、根を張っていると考えるかは、その人の心の問題なのです。**

自分の時間やお金や労力を家族や仕事のために使って、自分のやりたいことを犠牲にしているように見える人がいます。この犠牲という言葉は、右で触れたクサリと同じニュアンスを持っています。

しかし、何かの目標があって自分のことを置いて他人のために尽くすことを仏教語では〝利他《りた》（他を利する）〟といいます。これは、他者の利益のために何かすることで、心おだやかになるために大切な徳目として説かれます。はたからは自己犠牲なのか利他の行なのか区別は難しいでしょう。本人にしても何を目的にしているかによって、自己犠牲にも利他にもなり得ます。

ほかにも、他人に楽を与え、苦しみを抜く（与楽抜苦《よらくばっく》）行為が、ある人の目には「慈悲《じひ》」に映り、ある人には「お節介」に思えたりします。我慢にしても、目標達成のための我慢なら、プラスイメージを持つ努力や精進と同義です。

クサリなのか根っこなのか、犠牲なのか利他なのか、慈悲なのかお節介なのか、我慢なのか努力なのか、それを考えれば、その人の心情が理解しやすくなります。

◎「お墓の問題」から考える、先祖との縁

誰でも、いつかは入ることになるのがお墓です。お墓は遺骨の落ち着きどころの役目以上に、命の落ち着きどころの役を担っています。古墳やピラミッドなどは、古代の人びとのそのような素朴な思いで造られたものでしょう。

一方で、肉体や骨は朽ち果てていくものと達観して、墓はつくらなくてもいいと弟子たちに言い残した僧侶は少なくありません。本人はそれでいいのですが、残された弟子たちは追慕の念から墓所や廟を造ることになります。

この流れは、昭和が終わって平成になった頃に形を変えて復活してきました。戦後生まれのいわゆる団塊の世代が「私が死んでも、葬式もやらなくていいし、墓はいらない」というようになったのです。

人生の大半をマイホームの住宅ローンの返済のために働いてきたからでしょうか、わけのわからないものに余計なお金はかけなくていいと思っていらっしゃるようです（わけがわからないと思っているのは本人だけで、葬式もお墓にもそれなりの意味があることを理解している暇がないほど一生懸命に家族のために働いてきた世代でもあ

ります）。

しかし、お墓は残された者が亡き人を偲《しの》び、感謝の思いを伝えられる一つのパワースポットです。墓地という非日常の空間にお墓がつくられているのも、あながち生と死、ハレとケの明確な区分けの意味だけではないでしょう。お墓は亡き人との面会用の窓でもあるのです。

境内に墓地がある寺の住職をしている経験上、お墓参りをする人たちは義理の父母も含めた親や先祖など亡き人からの〝おかげ〟という縁を感じている方がほとんどです（なかには祟《たた》られるのが恐くてお参りする祟り鎮め型の人もいます）。「お墓参りをしない人は先祖の〝おかげ〟を感じていない」と申し上げるつもりはありません。

しかし、自分の都合以前にもらった命に思いを馳せたとき、**「そういえば、この命は先祖たちがつないできてくれたもので、私はその命の最前線にいるのだな」**と自分のちっぽけな命を大きく広がる感覚を持つ人は少なくないでしょう。

駅伝のタスキがつながらないように、命の継承という縁が行き止まりになるために〝墓仕舞い〟をしなければならない家が増えてきましたが、お墓をあの世に移設したと考えれば、申し訳ないという思いがいくらか軽減されるかもしれません。

「健康とお金以外で、一番大事なものは？」

本堂に集まった十二人ほどの年配の方に「あなたにとって、これさえあれば生きていけるというものを一つあげるとしたらなんですか」とお訊きしたことがあります。大半の方の答えは「健康」でした。お金といいたかったかもしれませんが、ほかの参加者に我利我利亡者だと思われたくなかったのかもしれませんし、いまさらお金に執着するよりも、より身近な問題の健康に軍配を上げたのかもしれません。

ほかにも年配の檀家さんで「住職、やはり健康が第一だよ。健康さえあれば何もいらないよ」とおっしゃる方は多数いらっしゃいます。入院するほどの病気をしたり、薬を欠かせない持病を持っていたりする方がそうおっしゃる割合はさらに高くなります。

人生の先輩たちが口を揃えて健康が大切だとおっしゃるのですから、きっとそのとおりです。そのために体調に気遣い、バランスの取れた食事や適度な運動も欠かしません。どれほど気を使っているかを話してくれる方に、私は「それくらい気を使っていれば、死ぬまで生きますね」と笑って真理をお伝えすることにしています。

私の父は肝硬変で体調のアップダウンが激しい日々を送っていたある日、「病は気からっていうじゃないか」という私の発言に、「そういうこともあるけどな。気は病からってこともあるんだ。少しは俺の身になってみろ」と無責任な励ましをする私を残念そうに見ました。

アントニオ猪木さんが「元気があれば何でもできる」と人びとを励ますエールを送ってくれていたのは平成の時代ですが、父がいったように「気は病から」であれば、健康だからこそ心も元気になれて、何でもできるともいえるでしょう。

健康であれば、良い縁を引き寄せる活動をすることもできます。病気になれば、気分が落ちこんだり、痛みがあったり、それどころではないでしょう。せっかく親からいただいた体ですから、その体を使って良い縁を引き寄せるために、食事や体調にも少し気を使いたいものです。

しかし、やはり、いつ、どんな状況で健康でなくなるかはわかりません。健康はお金と同じでとても不安定です。

最近では「不安定な健康とお金以外で、これさえあれば生きていけるものは、あなたにとって何ですか？」と尋ねて、本当に大切なものを準備していただくきっかけにしていただいています。あなたの場合はなんですか。

◎「地縁」を大事にする

何千人もインタビューをしてきたラジオのアナウンサーに**「聞いていて気持ちのいい自慢話は、故郷自慢と親自慢です」**と聞いたことがあります。

言い換えれば、ほかの自慢話は聞いていていてどう反応してよいかわからないものや、過去の栄光にしがみついて現在のみじめさを忘れようとするなど、あまり聞きたくないものなのかもしれません。

故郷自慢と親自慢がどうして気持ちよく聞こえるのでしょう。僧侶という立場から振り返ると、親の葬儀の最後に挨拶する喪主はほぼ親自慢をします。そこには「その親のおかげでいまの私がいます」という感謝の気持ちがにじみ出ているのです。

同様に、故郷自慢も育った場所の自然や風景、そこに住む人たちの人情などに囲まれたおかげでいまの自分がいるという感謝の念が土台になっています。だから、聞いていて気持ちがいいのです。

ここから私は、自分を認めてもらいたくてする自慢話（相手にとってつまらない話）をするとき、話の最後に「それもこれも、私を支えてくれた家族や先輩がいたからなんですけどね」「その陰でずいぶん迷惑をかけた人もいたと思いますが、文句一ついわないでやらせてくれました。ありがたいと思いますよ」など、感謝の言葉をつけ加える努力をしています。

　同時に、私にしてみれば「そうですか。昔のことはわかりましたが、いまはどうなのですか？」と皮肉の一つもいいたくなる非生産的な自慢話を聞いたときは、「その裏であなたを支えてくれていた人がいたんでしょうね。その人たちに感謝しないと罰《ばち》が当たりますね」とつけ足すようになりました（自分でも、意地悪な坊主だと思います）。

　自慢話のすべてについて通用するのが「感謝を土台に」ですが、インタビューのプロのアナウンサーがすぐに例を出せるほどの故郷自慢と親自慢は、自分がよく知っている場所や人に関することです。小学校では地域のことを知るための学習が行なわれて、郷土愛を育む教育がなされています。

　故郷からはなれて暮らしている方も、いま住んでいる地域を知ろうと思えば近所の図書館にその土地の郷土史家がまとめた資料があるはずです。住むことになった土地を知れば、土地との縁がつながり、愛着を持って暮らしていけるようになります。

コロナ禍で切れた縁を結び直そう

「石の上にも三年」といわれます。新入社員の一年目は何がなんだかわからずに無我夢中で過ごすでしょう。年間スケジュールをこなすだけで精一杯です。

二年目は少しゆとりが出ますが、それでも仕事を手の中で転がすような芸当はできません。

三年目になってやっと、年間でこなすべきことがわかりますが、それでもやりたいことができるようになるのは四年目からでしょう。多くの役職が四年任期なのも納得できます。任意団体などで二年任期の会長もいますが、多くは副会長をやってから就任するのは、そのためでしょう。

このように、**「何かが安定した状態になるには三年かかる」**というのは正しいでしょう。

現在生きている人が経験したことがない、前代未聞の新型コロナウイルスは感染力の強さから、人との接触を極力避ける対応が取られました。人類の英知によって一年ほどで収束に向かうだろうと呑気にかまえていた人は少なくないでしょうが、変異株の登場によって、ウイルスとの戦いは長期戦になりました。

コロナ禍でそれまでと変化した状況が長引くことで、その状態が定着していってしまいます。人との接触ができないので、縁も切れてしまい、切れた状態が常態化してしまうのです。

それをもっとも身近に感じるのは冠婚葬祭です。結婚式や披露宴、お通夜やお葬式が家族のみで行なわれるようになります。お祭りも中止されるので世話役の出る幕がありません。

これらが一回だけの緊急措置ならば、復元するのはそう難しくないでしょう。結婚披露宴に呼ぶべき世話になった人、これから世話になる人への披露をあらためて開けばいいのです。亡き人とお別れができなかった親戚の人も、四十九日の法要や一周忌に参列してもらって、故人の思い出話に花を咲かせてもらうことができます。

ところが、緊急措置が二年以上続けば、あらためて披露宴をするほどでもなくなります。喪主の家では親戚との縁も切れたままになります。祭りでは、お囃子の後継者が途絶えてしまう可能性もあります。

それらの縁を途切れさせないためには、**まめに連絡を取り合う**ことでしょう。それを怠れば、復元作業に膨大な手間がかかるのを覚悟しなくてはなりません。

半年に一度、自分の縁を見直してみる

自分が現在歩いている人生という道をこのまま行けば、どこへ行くのだろう——そんなことを半年に一度くらい意識して考えるようになったのは、同級生や先輩が急逝するようになってからでした。

それまでは、この道を行けば自分が目指しているところに行けるだろうと漠然と考え、勉強し、結婚し、僧侶として寺を守り、ほどほどの貯金もしていました。勉強すれば好きな仕事につける、結婚すれば好きな人と幸せになれる、寺を守れば僧侶として暮らしていける、貯金しておけば老後も安心だ、という具合です。

ところが、人生は予定どおりにはいきません。想像もしなかった横やりが入るものです。時代の急激な変化で就きたいと思っていた仕事の魅力がなくなったり、結婚することで社会的に信用されて多くの仕事がまいこんで家族と一緒に過ごす時間が大幅に減って夫婦間に亀裂が入ったり、僧侶は職業ではなく生き方だとわかったり、老後の資金の計算方法が変わって不安になることもあるのです。

こうして、自分の歩いている人生がどこに向かっているか軌道修正するために半年

に一度くらい確認する必要が生まれました。いまでは「このまま行って、心おだやかになれるか」だけを確認しているので、チェックするのも、軌道修正をするのもずいぶんラクになりました。

自分がどこを目指しているにせよ、少なくともいまの道をそのまま行けばどこに行き着くかおおよその見当はつくでしょう。親と連絡を取っていなければ、親に寂しい思いをさせることになるでしょう。自分は正しいと思ったり、他人の意見を聞くのは面倒だと思ったりして一人で結論を出し続けてほかの意見に耳を傾けなければ、独りよがりになり、周囲から相手にされなくなります。ほかにも、匿名をいいことにSNSで批判ばかりしていれば……、犯罪に手を染めていれば……どうなるかはだいたいわかります。

現在自分が歩いている道と行き着く場所とがつながっているこうした状況は、現在と将来との間が縁でつながっているようなものです。これらの縁を見直すことで、生き方そのものが変わることがあります。

言い換えれば、人生を生き直すこともできるのです。自分のことがよくわからなければ、他人の歩いている道がどこに向かっているかを予想する練習をすると、自分の行き着く場所もわかるようになります。軌道修正しなくても大丈夫ですか。

本書は、本文庫のために書き下ろされたものです。

名取芳彦（なとり・ほうげん）
　1958年、東京都江戸川区小岩生まれ。密蔵院住職。真言宗豊山派布教研究所所長。豊山流大師講（ご詠歌）詠匠。密蔵院写仏講座・ご詠歌指導など、積極的な布教活動を行なっている。
　主な著書に、『気にしない練習』『「退屈」の愉しみ方』『ためない練習』『般若心経、心の「大そうじ」』（以上、三笠書房《知的生きかた文庫》）などベストセラー、ロングセラーが多数ある。

◎密蔵院ホームページ
https://www.mitsuzoin.com/

知的生きかた文庫

人生《じんせい》がすっきりわかるご縁《えん》の法則《ほうそく》

著　者　名《な》取《とり》芳《ほう》彦《げん》
発行者　押鐘太陽
発行所　株式会社三笠書房
〒一〇二-〇〇七二　東京都千代田区飯田橋三-三-一
電話〇三-五二二六-五七三四〈営業部〉
　　〇三-五二二六-五七三一〈編集部〉
https://www.mikasashobo.co.jp
印刷　誠宏印刷
製本　若林製本工場

ISBN978-4-8379-8799-4 C0130